中田式ウルトラ・メンタル教本

好きに生きるための「やらないこと」リスト41

中田敦彦

徳間書店

はじめに

こんにちは。オリエンタルラジオの中田敦彦です。

突然ですが、質問があります。

あなたは、強い人間ですか？　それとも弱い人間ですか？

「わたしは強い人間だ」

こんなふうにきっぱりと断言できる人は、そうそういないと思います。

なぜなら、人間はそんな単純な生き物ではないからです。

どんなに強靭《きょうじん》なメンタルを持ち合わせていても、親しい人を亡くせば涙にくれるでしょう。当然、気持ちは弱くなります。

反対に、普段は気弱で何も言い返せないような人が奮起《ふんき》することもあります。愛する人が誰かに傷つけられたら、意を決して反撃することもあるでしょう。そのときは強い気持ちで相手と対峙《たいじ》しているはずです。

人はそれぞれのシチュエーションによって、強くなるときもあれば、弱くなるときもある。

だから、「強い」「弱い」の二択で考えることはできません。


現代はものすごく混沌《こんとん》としています。

テクノロジーは進化を続け、ＡＩが僕たちの生活のあり方を変えようとしています。技術革新によって便利になっていく反面、雇用システムが崩壊し、とてつもない格差社会が生み出されつつあります。

僕たちがこれまで大切にしていた価値観も、大きく変わっていくでしょう。


しかも、とてつもない情報社会の真《ま》っ只中《ただなか》です。

今まで入ってこなかった情報が、ＳＮＳによって秒速で世界中に拡がっていくわけです。溢《あふ》れるほどの情報に、身動きがとれなくなっている人も多いでしょう。

ある意味、これで不安にならない人のほうがおかしい。

僕は、まわりから強い人間だと思われがちです。

テレビでのイメージがそうさせるのでしょう。また、自分でも意識的に「強い中田敦彦」を演じている面もある。それは否定しません。

ただ、冒頭の質問のように、強い人間かそうでないかと問われれば、

「強いところもあるし、弱いところもある」

としか答えられません。

つまり、あなたと一緒です。

強くもあり、弱くもあるのが人間。そして、とはいえ、強くなければ生き抜いていけないのも人間です。


僕自身、かなりアップダウンの激しい芸人生活を送ってきました。

「武勇伝」のネタでいきなりブレイクを果たし、テレビのレギュラー番組をいくつもつかみました。でも、そのあと失速。せっかく手にしたレギュラー番組でしたが、たちまち終わっていきました。このジェットコースターのような展開は、若かった僕ら

にとって言葉にできないほどのショックでした。

その後、相方・藤森慎吾はそのチャラ男キャラで人気に火がつき、再ブレイク。かけがえのない相方です。彼が脚光を浴びるのは素直にうれしいことでした。でも同時に焦《あせ》りと危機感もハンパじゃなかった。

今となっては懐かしい思い出ですが、藤森がメインで呼ばれたCMの撮影で、中身が僕であることは一切明かされないまま、着ぐるみ姿で共演したこともありました（なんとも情けないバーター出演です）。

芸人としてテレビの世界で天下をとることができないと悟った僕は、ダンスボーカルグループ「RADIO FISH」を結成し、YouTubeの動画配信に活動の場を拡げました。さらにはアパレルブランド「幸福洗脳」を立ち上げ、ビジネスの世界に挑んでいます。2019年春からは大学で講師を務めていて、今、何足のわらじを履いているかわからなくなるほど、いろんなことにチャレンジしている状況です。

どうしてそんなことをするのか？

不安だからです。

生きることの大変さを痛感しているからです。

だから、チャレンジし続けている。

そして、チャレンジし続けるには、自分のメンタルが正常に働いていなければなりません。


メンタルのありようで、人生はどうとでもなります。

気持ちひとつでエネルギッシュに、楽しく生きていける。今の僕がそうです。

前向きでいても、へこたれていても、どのみち明日はやってくる。だったら、前向きな気持ちで明日を迎えるほうがいい。


前向きに生きるために必要なものとは何か？

それは「強さ」です。

では、「強さ」とは何か？　それも現代社会における強さとはなんでしょうか？

僕が考えるに、それは「腕力がある」とか「ディスカッションで負けない」とか、そういうものではありません。

これだけ複雑化した社会のなかで、たくましく生き続けるために必要な強さとは、「くじけなさ」と「冷静さ」だと思います。

くじけなければ、何度でもトライできます。冷静であれば、あらゆる不測の事態に対応することができます。僕はあるときからこの2つをキーワードとして実践してきました。


その実践の結果、導き出した答えが、本書で紹介する41の項目です。

本書にあるのは、「くじけないメンタル」と「冷静な思考」を持つための中田式のノウハウであり、作法です。

どれも、今から実行できることばかり。

あなたが望むなら、あなたはいつでも変われる。あなたが望むなら、あなたはいくらでも自分の好きなように生きられます。

そのために強くなりましょう。

レクチャー1 基礎編

レクチャー

2 仕事編

レクチャー

3 人間関係編

レクチャー

4 組織・集団編

レクチャー

5 人生編

心は、天気と一緒だ。
快晴もあれば、大雨もある。
いつも自信満々な人なんていない。
人はひとりでは生きられないのだから、
むしろ基本的に人は弱い。
まずは自分の「弱さ」を知ろう。
そうすれば、やるべきことと、
やらなくていいことがハッキリする。
それが「強さ」への第一歩だ。

レクチャー

❶

基礎編

01

ネガティブな自分を変えない

たとえば、仕事で自信がなくなったり、ネガティブな気分に支配されたりしたとき、あなたならどのように対処するでしょうか。

「気持ちを取り戻すため、さらに仕事をする」

「自分のダメな部分を他人に指摘してもらう」

そう考える人は、すごく真面目《まじめ》だと思います。きっと、誠実な人です。でも、対処法としては完全に間違っています。

僕がそうなったときに実践しているのは、「**よく食べる**」ことと「**よく眠る**」こと。この2つだけです。かつての僕も、自信をなくしたときにわざわざネットでエゴサーチをして、酷評された投稿を読んでは傷ついていました。

自信を失ったとき、どうにか現状を打破しようと思うあまり、他人の意見を聞こうとする気持ちは理解できます。だけど、それは**栄養失調の状態で断食するようなもの**で、得策とは言えません。

年に数回、眠っていると金縛りにあうことがあります。金縛りのメカニズムは科学的に解明されていて、「身体は休眠状態に入っていても、脳が覚醒状態にある」ことだといいます。意識と肉体の誤作動が、他人に押さえつけられているような錯覚をもたらすわけです。僕はそれを知ってから、金縛りになっても「ああ、脳だけ起きているんだな」と抵抗しなくなりました。そうして静かにしていると、やがてスッと誤作動が解け、また眠りに落ちることができるんですね。

無理に状況を打破しない。追い込まれても、敢《あ》えて何もしない。

ネガティブな気持ちになるのは誰だって嫌です。できるなら回避したい。だけど、そんな回避の願望が意外にやっかいなのです。「ネガティブな状態に陥《おちい》っているわたしはダメだ」と、必要以上に自分を否定してしまうことになりかねないからです。

「人間、誰しもネガティブになるさ。ちょっと休んでおくか」

それくらい開き直ったほうが、よっぽど回復は早いでしょう。

とはいえ、かくいう僕も、そう思えるようになるまでだいぶ時間を要しました。

情報番組のコメンテーターや、ダンスボーカルグループ「RADIO FISH」（オリエンタルラジオと4人のダンサーで結成）の楽曲『PERFECT HUMAN』のヒットで忙しくしていた頃は、精神的に孤立していました。周辺に味方がいないと感じていたときに、同期芸人、はんにゃの金田哲が食事に誘ってくれたんです。そのとき、

「いつも闘っているあっちゃんを、俺は本当に尊敬しているよ」

という言葉を聞いて、すごく気持ちがラクになりました。同期の金田からもらった言葉だからこそありがたかったし、友人の大切さを痛感しました。**自分からは出てこない言葉に触れることも、ネガティブな心を癒す養分になる**のです。

自分の短所を自覚することが悪いとは言いません。ただ、それは心が落ち着いているときに、冷静に考えればいいことです。精神的にネガティブなときは、身体も精神も、悲鳴をあげています。だからこそ、「食べる」「眠る」という人間の基本的な欲求に従って、落ち着くことが第一です。とにかく、休みましょう。

POINT

- **自分にない言葉に触れてみよう。それが心の養分になる**
- **「よく食べる」「よく眠る」この2つだけで乗り越えられる**

02

自分の「個性」にとらわれない

僕が今やっている動画配信「中田敦彦のYouTube大学」では歴史、文学、政治、経済など、さまざまなジャンルにトライしているので、毎回猛烈《もうれつ》に勉強しています。またアパレルブランド「幸福洗脳」も素人のまま服飾業界に参入したので、当初は紆余《うよ》曲折《きょくせつ》の連続でした。

どちらの仕事も、いま自分の手持ちのアイデアだけではすぐに限界がきます。**手持ちのアイデアなんて、インプットを怠ればたちまち枯渇する**んですね。

インプットなくして成功なし。

僕はこれからもずっとアイデアを求め、インプットを重ねていきます。

ひと口にインプットといってもその方法はさまざまです。本を読むこと、人から教えを請《こ》うことだって効果的なインプットです。ビジネスで成功している人、独創的な活動をしている人に話を聞くことを、僕は「**先進国に会う**」と呼んでいます。

幕末の志士たちは欧米の産業技術に触れて日本にそれを持ち帰りました。彼らは文字どおり先進国でインプットに励み、イノベーションを巻き起こしたんですね。

自分より先を走る人の情報はどんどん取り入れていく。ある意味、それが最高のインプットかもしれません。今はSNSがありますから、なにも無理に直接会う必要もありません。

「先進国に会う」とき、僕はほとんど弟子入りするような感覚で対峙《たいじ》します。「スゴイっすね！」「最高っすね！」と、それはもう茶坊主のような態度です。でも、ただのお調子を言うために会うわけではありません。そのあと、

「そのやり方、パクっていいですか？」

「パクらせてもらいます！」

と、懇願《こんがん》します。教えを請う気持ちで接しているので、相手も悪い気はしないものです。もちろん、ここでいうパクリは、悪いことではありません。職人の世界も師匠から技を盗むといいますから、考え方は同じだと思います。

そうやって成功者のやり方をインプットして、自分のものにする。**マネから入ることも重要**です。

こんな話をすると「中田さんの個性はどこにあるの？」と聞いてくる人がいます。

僕に言わせれば、なんのインプットもないまま個性を追求するのはナンセンス。個性とは、自分で追求するものではなく、他人が決めることです。インプットを怠《おこた》らず、分析を繰り返し、自分が何をすべきかを見据えて行動に移す。それが結果的に図《はか》らずも、あなたの個性になる。

僕たちオリエンタルラジオが世に出るきっかけとなった「武勇伝」のネタだって、インプットなしには完成しませんでした。先輩方のネタを見て、いい部分は取り入れ、自分たちにできることを一生懸命考えた結果です。

とかく個性が重視される時代ですけど、僕にとって**個性とは、後天的に備わっていく付加価値**だと思っています。

「先進国に会う」話に戻しますが、成功者やヒットしていることに対して、シニカルな態度をとる人がたまにいます。しかしそれは絶対にやめるべきです。

「あいつは運がよかっただけだ」

「一過性のものでしょ」

といったやっかみですね。聞いていて気分のいいものではありませんし、そういう言葉を口にしていると、「なぜあの人は成功しているのか?」と考えるきっかけを失ってしまいます。芸人の世界でもそんな陰口をたくさん聞きました。でも、**成功者から学ぶ姿勢なしに売れた芸人を僕は知りません。**

もちろん、成功している人のすべてが善人ではないでしょう。当然、嫌な人もいる。とはいえ、それが成功者をやっかむ理由にはならない。彼らが成功した背景を知ることが重要であり、そこに相手の人柄は関係ありません。

僕の経験上、成功者に対して「悔しい」と思うことで、いい結果を生むことはありませんでした。**「学びたい」と思うことが成長の必要条件**です。

「学ぶ」の語源は「真似《まね》ぶ」だとされています。マネて、学んで、その先にあなたの個性が生まれます。それはあなたを成功に導く個性です。

POINT

- **「個性」とは、あとで勝手に備わるもの**
- **成功者のノウハウをパクろう。それこそが「学び」だ**

武器になる個性は、パクリの先にある

03

新しいもの ばかり追わない

アパレル業界にイノベーションを起こしたい——。

僕はそう思って、2018年10月に「幸福洗脳」というブランドを立ち上げました。「原価の安いTシャツをハイブランド並みの高価格で売るとどうなるのか」という実験的精神からのスタート。ECサイトと東京・乃木坂の実店舗で販売中です。

さらにラジオでTシャツを買ってくれと呼びかけたり、茨城県の齊藤綿店さんと「幸福洗脳枕」をコラボレーションで作ったりと、僕の実験は続いています。

「中田敦彦はすべてにおいて先鋭的、古いものを否定してそう」という印象を抱く人も多いかもしれません。

確かに**新しいものは魅力的**です。僕も古いマンションよりは新築のキレイな部屋に住みたい。

そんな僕が老舗《しにせ》である阪急百貨店さんとコラボすることになりました。

当初は、阪急さんに幸福洗脳を卸すのは旧式な方法かもしれないと迷ったものの、やはり取り引きさせていただくことにしました。

なぜかというと、僕は決して、**新しいものだけが正しいとは思わない**からです。

新参者にはない「信頼」を、伝統ある会社は手にしています。

逆に、阪急さんも幸福洗脳を求める客層にアプローチしたいという一面がある。自前で売るより儲けは減るけれど、お互いの足りない部分を補う意味で有意義だと判断しました（阪急メンズ東京での出店は期間限定のため、現在は終了）。

今、プラットフォームとソフトウェアの力関係が曖昧《あいまい》になってきています。たとえば書籍の流通にしても、アマゾンの登場から大きく変容しました。個人が電子書籍を作って売ることもできるようになり、作り手がそのまま売り手になることが可能なわけです。

しかし、アマゾンがこれだけ隆盛を極めても、書店が完全になくなることはないと思います。

小売り業界は戦々恐々《せんせんきょうきょう》としていますが、アマゾンがあるからといって、すぐに崩壊するはずはありません。

長い時間をかけて整備された流通システムには、学ぶべき面がたくさんあります。それをどうアレンジするかが課題です。

テレビ業界にも転換期がきています。

主要な視聴者層が50代以上のため、若い人がテレビ離れしてYouTubeを見ています。しかしながら、今もテレビ業界はものすごく優秀なスタッフさんで溢《あふ》れています。既存の枠組みから育った人材と、ネット動画の新しいインターフェイスが混ざり合い、結果よいコンテンツが生まれることが重要です。ただただ古いものを否定するのは間違いです。

世の中は常に新陳代謝を繰り返しますが、古いとされるもののなかに、必ず宝は眠っているのです。

POINT

- 新しいものを過信するな
- 伝統のなかに「宝」は眠っている

04

カッコつけない

僕は、自分のことをナルシストだと思っています。

でも、ナルシストじゃない人間なんていないでしょう。**人はみんな自分が大好き**です。

ただなかには、残念なことに自己愛が偏り過ぎて他人を傷つける人がいます。

僕に言わせると、そんな人は十分に自分を愛せていないのだと思う。本当の意味で真《ま》っ当《とう》な自己愛に溢《あふ》れている人は、他人にも敬意を持っています。他人をリスペクトすることは、他人のよさに気づく自分を認めているということでもあるわけです。

他人の悪口を言う人にも2つのタイプがあります。こっちが悪口を聞かされてもあまり不快にならない人と、とっても嫌な気分にさせられる人の2つです。前者は、根底にリスペクトの精神があり、正しい自己愛を育んでいるタイプです。芸人の世界でも毒舌を武器にしたビートたけしさんや有吉弘行さんなどはその典型でしょう。

笑えない毒舌を言う人が身近にいたら、その人のことをよく観察してみてください。へそ曲がりだったり、悲観主義者だったりするはずです。つまり、**現状の不満が高まって自己愛がいびつになってしまっている**のです。

そんなふうに自分を愛せていない**「変形性自己愛」の持ち主は、総じてカッコつけています。**

泥臭くなれず、いつも自分を一段高いところにおいて評論家的になっているタイプ。プライドも高いから、泥臭くがんばっている人に笑えない毒舌をぶつけたりする。

そんな人に言うべきことはただひとつです。

カッコつけるな！

終身雇用や年功序列の社会はとっくに崩壊しています。サラリーマンが安定の仕事でないことは子どもでもわかっている。ボーっとしていたら仕事にありつけません。何事にも工夫や付加価値の創出が求められる今の時代、**泥臭くなれないことは絶望的に損**なんです。

僕は、2019年3月に『労働2・0』という本を刊行しました。みずから献本作業をしたり、書店を回ったり、地道な作業を延々と続けました。文字通り、足を棒にして書店を歩き回りました。

出版業界が盛況だった頃ならば、そんなことはしなくてよかったはずです。でも、今は著者が汗をかいて宣伝しなければ、本が売れることはありません。

正直、「俺って全然スマートじゃないな」と思います。というか、めっちゃダサイです。でも、アマゾンの創業者であるジェフ・ベゾスだって、設立当時は泥臭くやっていました。オンライン書店を立ち上げる際、自宅のガレージで起業したのは有名な話です。

もちろん、村上春樹さんのように発売前から予約が殺到するようなことがあったら最高ですけど、そんなふうにはならない。ならば、本を売り歩いたり、PRイベントを企画したり、**すべて自分でやるしかない**んですね。

変形性自己愛でこじらせている人は、自分を村上春樹だとでも思っているのでしょう。あなたは大丈夫ですか？　汗をかかなければ、成果は出ません。

カッコつけず、なりふりかまわない。そんなナルシストに女神は微笑《ほほえ》みます。

POINT

- 「カッコつけ」は「こじらせ」
- 泥臭く汗をかこう。そんな人に女神は微笑《ほほえ》む

05

力を誇示しない

「幸福洗脳」は、まだ新興の小さなブランドです。スタッフの数も十分とはいえません。だけど、一国一城の主というか、やはり経営者という立場は集団のボスなんですね。いろんな場面で、決断を求められるわけですから、まさに重責です。

僕は経営者も上司もリーダーも、ただの役割だと思っています。でも一方で、それらの**肩書自体に力があるのも事実**です。

「社長さんは偉い」「経営者は偉い」

僕たちはそういう刷り込みを受けています。あなたもそうでしょう？　社長なる人物を目の前にすると、どこの社長かわからなかったとしても、反射的に身構えますよね。でもそれは危険です。

「上の言うことは絶対だ」

「上司の命令にはとりあえず従おう」

という**思考停止に陥って、結果そのリーダーを暴走させる**からです。

経営者や幹部などの肩書きを得た人も、襟《えり》を正さねばなりません。

出世したくらいでふんぞり返るのは論外です。経営者も部長も課長もチームリーダーも、別に偉い人になったのではない。**「責任者」という役割を引き受けたに過ぎないのです。**

モンゴル帝国の創建者、チンギス・ハーンが巨大な遊牧国家の大権力者として君臨《くんりん》したことはよく知られています。また、ナポレオン1世も混沌《こんとん》の時代を支配し、フランス革命を成《な》し遂《と》げました。しかし、彼らが名君《めいくん》（優れたリーダー）であったかというと、そうではない。名君というよりも、彼らは戦争の天才だった。

日本史における戦争の天才は、織田信長です。信長もまた名君ではありません。むしろ信長の失敗を直視して、**内政の統治に尽力した徳川家康こそが名君**です。その証拠に、江戸幕府は260年以上その体制を維持することができました。

ナポレオンも信長も、軍人として領土を拡げることが最大の目的でした。とにかく自分の国を大きくしたい。経済でいえば、拡大構想です。

歴史から学ぶことはたくさんあります。

ひとつの会社で考えてみましょう。とにかく事業規模を大きくすることが目的で、従業員の環境を考えない経営者がいたら、まさしくその人はナポレオンや信長型の思考で動いています。あまり部下のことは考えていない。

プロジェクトのリーダー格でも、学級委員でも同じです。

自分の目的を達成することだけに目がいって、周囲をいたずらに振り回す人は、信長型です。

実は、僕自身も信長型の人間です。

幸福洗脳をひたすら大きくしたいとは思いませんが、自分の革新性にこだわり過ぎる面があって、それがゆえにひとり突っ走ることがあります。そこは僕の反省点です。

「成長し続けたいマインドは持ち続けながら、信長型の自分を監視し続ける」

幸福洗脳を始めてから、そう強く意識するようになりました。

人間の心は2種類に分けられます。**「Just Do It」と「Let It Be」**です。

「Just Do It」は、要するに信長型思考による強さです。「とにかくやれ」「前に進め」の精神です。**「Let It Be」はまさにジョン・レノン。「今のままのあなたでいいよ」という優しさ**です。人間は誰しもこの2つを合わせ持っていて、「Just Do It」な気分でイケイケのときもあれば、「Let It Be」になってしまったりすることもあります。信長型では人はついてきません。これからのリーダーには、**「Just Do It」と「Let It Be」のハイブリッドが求められる**と思います。

ただし、先行すべきは「Just Do It」。ビジネスでも、まずは勝つために「Just Do It」を発揮する。でも、ただやみくもに力や豊かさを追うとナポレオンのように自滅します。ある程度の目標を達成できたら、みんなとうまく共存していくためのコントロール機能をもたらす。この段階で「Let It Be」の考え方を強調していくのです。

「自分がいかに強いか、見せつけてやる！」という精神では、コミュニティを構築できません。**まずは自分が強くなる。それから人に優しく**。力の誇示《こじ》など、無意味です。

POINT

- **権力と富は、人を壊す**
- **「Just Do It」と「Let It Be」のハイブリッドな生き方を目指そう**

「Just Do It」と「Let It Be」を使い分ける

06

雑音は聞かない

僕の父親は生命保険会社を勤め上げたサラリーマンでした。

厳しい面もあったけど、大学まで進めたのは教育熱心な両親のおかげです。

そんな家庭ですから、僕が芸人になりたいと打ち明けたとき、当然ながら簡単には賛成してくれませんでした。

そこで僕がとった戦略は、「**ロジカル・ネゴシエーション**」です。

まず、父親にはこれまで育ててくれたことに感謝しました。お金や時間をかけて、進路についていろいろ助けてくれたことに、「ありがとう」と言いました。

次に、謝罪です。やはり、大学を卒業してからは資格を取るなり一般企業に入るなり、父親なりの希望があったはずです。そこからはみ出すことを、「申し訳ない」と謝りました。

感謝と謝罪を述べたうえで、父親が僕の将来を心配してくれていることはきちんと理解していることを伝えました。

事態がこじれたとき、「感謝」と「謝罪」は不可欠です。逆に言えば、「感謝」と「謝罪」さえ押さえておけば、相手は耳を貸してくれるんですね。

それから、完全に正確な再現ではありませんが、父親にはこんなことを言いました。

「僕が選択する道は、お父さんが歩いてきた世界とは違う。イメージできないから心配なんだと思うんだ。現実的に、何も保障されない商売だし、能力主義の世界に違いない。でも、僕には考えがある。リスクを軽減するプランを持っている。時間的制限を持って、タイムリミットが訪れてもダメなら、一般社会で働く覚悟もしている。もちろん、コストに関してはバイトで賄うから、迷惑はかけません。時間とコストを自分で管理して、芸人になります。無謀《むぼう》ではない計画的な挑戦にしたいんだ」


感謝のあとで、自分の願望を伝える。それが、絵に描いた餅でなく、綿密な計画であることもしっかり伝える。


自分の言い分を通すために大切なのは、論理的になること、それに尽きます。

とくに肉親同士で**感情的になると、地獄です**よね。

「親父は何もわかってくれない！」

「バカ息子が！　出ていけ！」

そんな展開は絶対に避けたかったのです。

肉親を相手に、論理的な話をすることができないという人もいるでしょう。

おそらくそれは、肉親に対して「きっとわかってくれる」と信じているからではないでしょうか。

親といえども、他人です。しょせん、わかり合えっこないんです。

いくら一緒に暮らしていても、高度経済成長からバブルの時代を目の当たりにしてきた父親の世代と、不況と就職氷河期が標準設定されていた僕らの世代とでは、その**ジェネレーションギャップは想像以上にかけ離れている**と考えて間違いありません。

信じているもの、頼っているもの、リスペクトするものは、世代ごとにまるで違ってきます。

そのことをあらかじめ理解していると、腹を立てなくて済むわけです。

言い換えれば、僕は論理的な説明だけして父親の意見を聞かなかったということになります。父親を含む異なる世代の価値観を受け流しているのです。**異なる価値観はすなわち雑音**ですから、耳を傾けなくていいんです。「誠実に生きる」「戦争をしない」といった普遍的に大切なことだけ見《み》誤《あやま》らなければいいと思います。

たとえば、ユーチューバーを一段下に見ている芸人さんがいます。僕のやっていることに批判的な人もいます。でも、僕は無理にそんな芸人さんから理解を得ようとは思いません。ある意味で美学の違いに過ぎませんから。

結局、僕は僕なんです。他人とは、どうしたって考えは異なります。だけど、**異なるという事実が理解できれば、聞き流せる。意見の違いに怒ることもなくなります。**

僕だって、中学生くらいの子たちの考えを聞いても理解できないと思います。下の世代の子たちは、各々《おのおの》そのジェネレーションで闘っていくでしょう。わからないなら、わからないままでいいじゃないですか。

無理に**相互理解なんてしなくていい**と僕は思っています。

POINT

- **肉親といえども、他人。わかり合えなくてもいい**
- **世代間ギャップは埋めようがない。異論は聞き流そう**

人は人、自分は自分。意見の食い違いはデフォルト

07

気持ちを込めない

知り合いに居酒屋を経営する人がいて、その店の朝礼が飲食業界でも有名らしいんです。「本気の朝礼」と呼ばれているのですが、とにかく大きい声を出すことで、感情を解放させるのが目的なんだとか。

そこでは、あまり親しくない店員さん同士がふたり一組になって「予祝じゃんけん」というゲームを始めます。握手をして大声で「お願いしまーす！」とあいさつ。それで普通にじゃんけんをするのですが、勝っても負けても、互いを讃え合います。

最後に、朝礼のリーダーの声に続いて**「僕はできる」「絶対できる」「必ずやれる」「ありがとう」**と大声で言って、場を温めるという朝礼です。

その知り合いの経営者さんは、この究極的にポジティブな朝礼で居酒屋を成功させているそうです。

朝礼で「前向き」に「大きな声を出す」ということは実にシンプルです。誰にでもできることですよね。成功の理由はシンプルなことの繰り返しにあると思います。

人間、よく知らない相手には心理的な壁ができるものです。親しくない者同士でじゃんけんをするのは、それを払拭《ふっしょく》するのにちょうどいい。

この朝礼では本当に簡単なことしかしていません。売り上げ目標を暗唱《あんしょう》させることも「朝の1分間スピーチ」もありません。ひたすらシンプルなことを続けたのです。

ここで僕が実践している、超シンプルで効果的なマインドセット法をお教えします。

それは、**空を見ること**。

拍子抜けするほどシンプルですよね。でもそれがいいんです。

僕は普段すごく姿勢が悪くて、疲れるとすぐ猫背になります。そのとき、僕は空を見上げることにしているんです。**晴れでも曇りでも、とにかく空を見る**。

すると自然と背筋が伸びて、スーッと気分が和らいできます。別に気分がふさいでいたわけではなかったのに、猫背のときには少し気持ちがダウンしていたことにあとになって気づくわけです。空を見るだけで驚くほど変わります。ぜひお試しください。

先ほどの「本気の朝礼」も、空を見上げる行為も、実はどこにも気持ちを込めていないんです。大声を出すのも、空を見上げるのも、誰でもできることで、そこに「ポジティブな気持ちを持とう」なんて明確な意思はありません。

気持ちなんてどうだっていいんです。

猫背になっていることに気づいたら、空を見る。すると、気分が晴れやかになる。まずは身体から当てはめていく。感情はあとからついてきます。

おそらく、**人間の感情は現実的な状況に反応していくもの**なのでしょう。悲しいから泣くのではなく、泣けば悲しい気持ちになる。泣くほどに悲しみはいっそう募《つの》っていく、そういうことだと思います。

「ホスピタル・クラウン」をご存じですか？　病院などで患者のケアのためにパフォーマンスする道化師がいます。**笑うと免疫力が高まることは、医学的に立証**されており、アメリカから拡がった取り組みです。確かに、恨み言ばかり言っていたら、不幸体質になるのもさもありなんです。「言霊《ことだま》」が信じられるのも、そういう原理に近いかもしれません。

この原理を応用すれば、あらゆる場面で生活しやすくなると思います。

僕が活用しているのは、「**言葉のテンプレート**」です。

くじけそうなときは「**まだやれることがある！**」と、とりあえず口にします。

腹の立つことがあったら、ついボヤいてしまうんですが、それでもそのボヤキの最後には必ず、「でも、ま、**たいしたことじゃない**」とつぶやくようにしています。

言葉のテンプレートを発するとき、気持ちは込めていません。むしろ気持ちと真逆かもしれない。それでいいんです。

「まだやれることがある」と言葉にするだけで自然と鼓舞《こぶ》されますし、次の一手を考えるようになります。怒ったときも言葉のテンプレートが自分を冷静にしてくれる。

人間の感情は、姿勢や言葉によって、あんがい簡単にコントロールできるんです。

あなたもムカつくことがあったら「たいしたことじゃない」と口にしてみてください。実際、たいしたことではなかったと思えるはずです。

POINT

- まずは身体を動かそう。気持ちはあとからついてくる
- ピンチで使える「言葉のテンプレート」を持て

身体を動かそう。気持ちはあとからついてくる

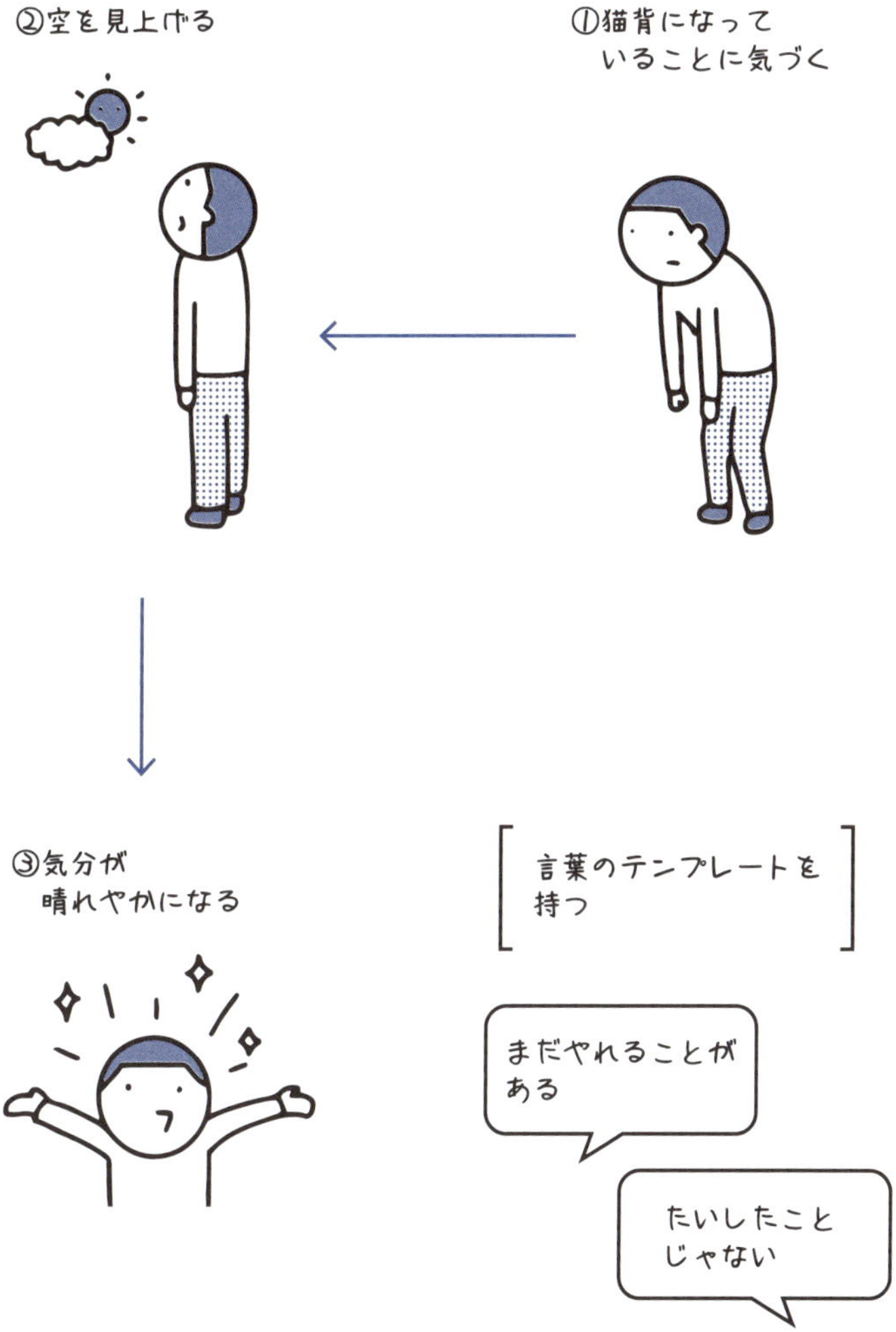

外から自分をコントロールしよう

08

ピンチのときにひるまない

あなたの武器はなんですか？

まっすぐにそう問われると、答えに詰まるのではないでしょうか。それについてあなた自身が誰よりも無自覚だったりするものです。

若手の頃、まさに僕は自分の武器を何も知らないまま舞台に挑んでいました。とあるライブに出演したときのことです。終盤のフリートークで、ほかの芸人たちがどんどんと面白いエピソードを語り始めます。

「こないだ京本政樹さんと飲んだとき」

「知り合いに拒食症の相撲取りがいて」

こんな話がひっきりなしに出てくるなか、僕はすぐネタが切れて、面白い話を思い浮かべることができず、焦《あせ》っていました。

(俺には、なんにもねえぞ！)

追い詰められて、もうやけっぱちでした。高校時代に通った塾について話をすることにしたんです。

僕は当時、成績が悪いとビンタされるスパルタの塾に通っていたことがありました。

「本当にひどい話なんですけど、勉強ができない人のことをすごく差別してた時期があって。それが過激になって、**東大に入れないヤツはゴミ**だって思っていました」

ＭＣを務める先輩芸人も共演者たちも「コイツは何を話そうとしているんだ？」という表情。でも、一瞬でみんなが僕の話を聞こうと前のめりになるのがわかりました。

「東大のなかでも序列があるんです。法学部が文系では一番偏差値が高いので、東大法学部以外はゴミだって思い込んでいました。法学部でも国家公務員Ⅰ種をクリアできた官僚だけがエリート、あとの民間企業に行くヤツはバカだと思っていました」

お客さんが引いていたか食いついていたか、その場で明確には察知できませんでしたが、なんとなく、「この話は続けてもよさそうだ」という場の空気を感じました。

「でも、官僚のなかでも農林水産省とかじゃダメなんです。財務省に入らないと。さらに、もっともエリートコースの主計局に行けないヤツはみんなゴミ！　あの頃の僕にとって、**財務省の事務次官になれないヤツはゴミ**なんです！」

最悪のエピソードを最高のテンションでまくしたて、なんとか笑いをとることができました。だけど、僕としてはできれば話したくないことだったんです。東大受験もしていない高校生が、妄想のあまり「財務省の事務次官以外全員ゴミ」だと思うなんて、人間性を疑われますから。

まわりのみんなのように、部活でインターハイに行ったとか、暴走族に入っていたとか、そんな際立ったエピソードがあればよかったのですが、僕にはなかった。話せることが何もなくて、**追い詰められた挙句に出てきた僕の狂気じみた話が、意外にも受け入れられました。**

自分では無自覚だったばかりか、なるべく隠していたかった**「負の部分」が、僕の武器として活きた**瞬間でした。

その後、この武器は「勉強しまくったキャラ」としてテレビでも形にすることができました。**武器を獲得できたのは、追い詰められたからです。**

ピンチのときに逃げ道を作らず突き進む。これがピンチからの脱却法です。

POINT

・あなたの「弱点」が、最大の「武器」になる

・ピンチはチャンス。思い切って突き進もう

いまやテクノロジーの変化は秒速だ。
あなたはその凄まじい変化の
波から逃れることはできない。
でも、これはチャンスだ。
未知の仕事が待っているのだから。
あなたは未知の仕事を通して、
未知のあなたに出会うのだ。
これ以上、楽しいことってあるか？

レクチャー

2

仕事編

09

変化を恐れない

メディア関係、サービス業、ＩＴ業界など、どの分野の人と話していても、景気のいい話が出てきません。

「今、ウチの業界は過渡期なんです」

彼らからは、こんな声が聞こえてきます。

でも、**世の中はいつだって過渡期**なんだと思います。「ここで働いていればこの先30年は大丈夫」という業界なんてありません。技術も人材も流動的です。**生きている以上、安泰はありません。**世界史を読めばわかります。戦争や飢饉《ききん》、疫《えき》病《びょう》を繰り返し、それでもなんとかふんばりながら人類は生きてきました。

長崎県の軍艦島は、もともと炭鉱街として栄えていました。

今は廃墟のようなロケーションが観光地として注目を集めていますが、かつては集合住宅や娯楽施設が整った近未来型都市でした。炭鉱で働く人たちの生活水準も高く、東京よりも人口密度が高かったほどです。しかし、エネルギー資源が石炭から石油に移行し、炭鉱の多くが閉山され、人々は職を失いました。

時代のニーズが変われば、それまで**隆盛を誇った仕事が縮小されるのは仕方のない**

ことです。

世の中は、変化し続けています。それは、個人の力ではとうてい止められません。映画はかつて、娯楽の象徴でした。けれどもテレビの普及で、映画産業は衰退しました。携帯電話ひとつ見ても、この10年の様変わりはすさまじいものがあります。PHSがなくなり、スマホがガラケーに取って代わりました。

メディアの王様として君臨《くんりん》したテレビも、今後はインターネットの動画コンテンツにその座を明け渡すでしょう。レコードはCDになり、もはや音楽は配信で聞くものになりました。

その流れで言えば、今**絶頂期に達している技術や産業も、やがて斜陽を迎えます。**すべて、長い歴史の1ページに過ぎません。

世の中が変化していることに敏感なのは、現状で既得権を得ていない人々です。大航海時代で言うと、ポルトガルやスペインがいち早く航路を切り開いていったのは、ヨーロッパのなかで覇権を握《にぎ》れない小国だったから。アメリカ大陸を目指した人たちも、ヨーロッパのなかで既得権を得られない層でした。

僕は、なんの既得権も得ていません。いつ食い詰めるかわからない。だから、オンラインサロンやYouTubeの配信、アパレル「幸福洗脳」などに着手しています。世の中がいやおうなしに変動しているなか、置いてけぼりをくらいたくないのです。

あなたには、「変化を恐れる気持ち」はありますか？

「会社組織が大きく改編される」「住み慣れた街が再開発で姿を変える」ということに、どんな思いを抱きますか？

僕も、移り変わる世の中に恐怖心を抱いています。心のどこかで「今のままでいられればいいな」と思うことはあります。でも、現実問題として**変化と無縁では生きられない。僕らはもう、この時代を生きるしかない**んです。

だからたとえば、こう考えるようにしています。「クーデターで革命が起きた国にいるわけじゃない。変わっていくとしても突然住まいを奪われるほどではない」と。

今は、会社員も「副業」が認められるようになりつつあります。まずは**「副業」な**

り「複業」なりやってみたらどうでしょうか。

「ウチの会社には就業規則があるから」

という人もいるでしょう。

原則副業禁止の公務員でも、作家活動や家業の手伝いが許されるケースは少なくありません。就業規則があっても、例外はあるのですから、会社にかけ合ってみてもいいと思います。

それでも躊躇《ちゅうちょ》するあなたには、こう言いたい。「メルカリ」でいらなくなったモノを売ってみませんか？　ネットフリマでスニーカーを売ってお金を得たら、それはもう副業なんじゃないですか？

変化し続ける世の中で生き残るため、**「副業＝不可能」の感覚を捨て去る**だけでも、何かしらのヒントになるはずです。

POINT

- **世の中は常に過渡期。だからあなたも変化と無縁では生きられない**
- **「副業」であなたのなかに多様性を作ろう**

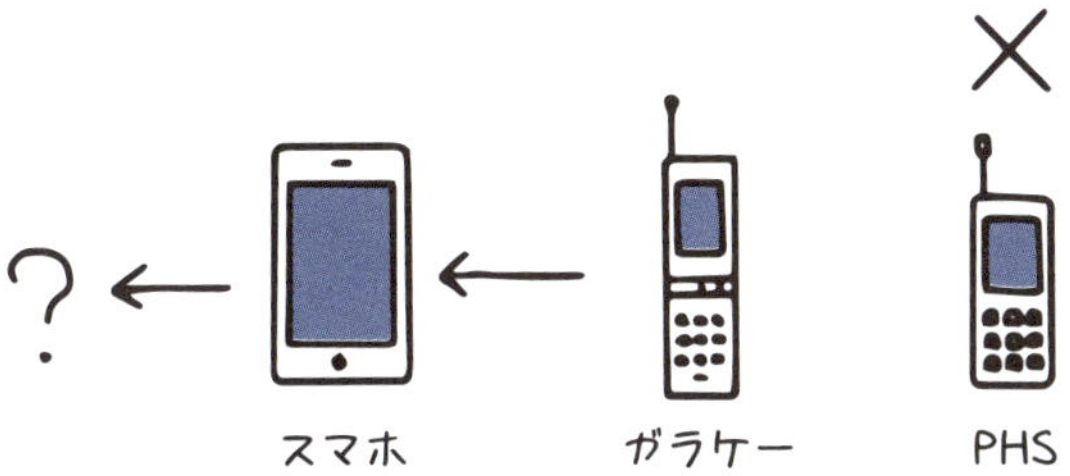

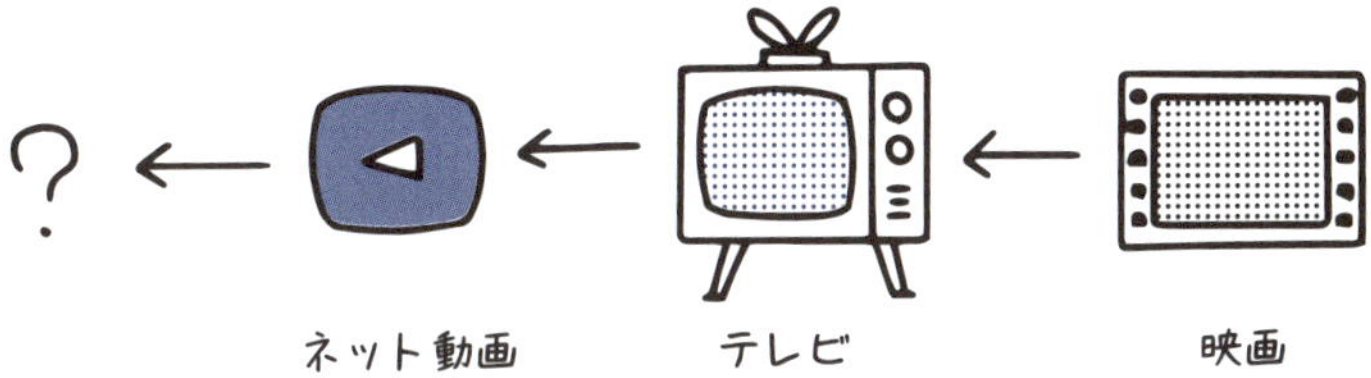

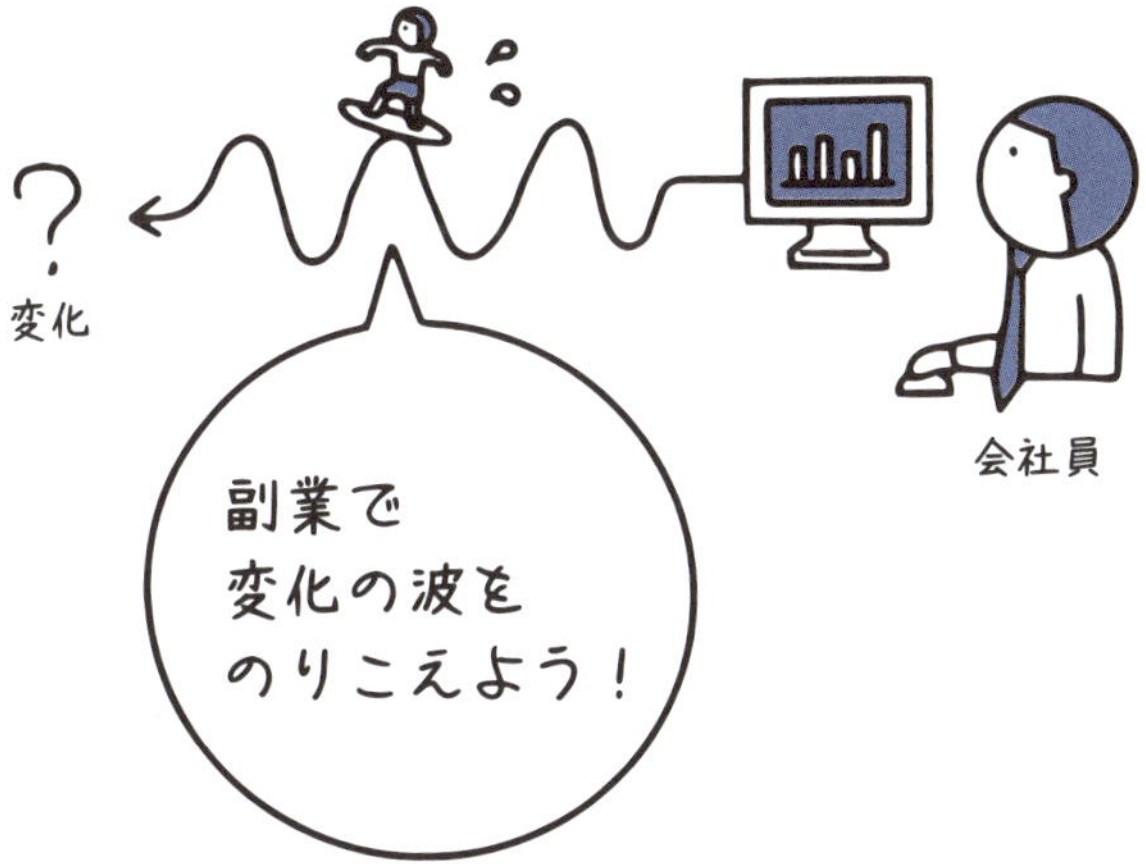

世の浮き沈みを乗り越えるには

10

やりたいことを探さない

アフリカ大陸を旅した友人から聞いた話です。

アフリカのとある国の奥地を訪問したとき、そこの原住民と交流したそうです。その村は小さく、いくつかの家族で構成されていました。村人には、それぞれに役割があったそうです。

ある子どもは、毎朝水を汲《く》みにいって村のみんなに配ること。

その子のお父さんは、毎朝パンのようなものを焼いて村人たちに食べさせること。

そして、村の子からこう聞かれました。

「あなたは、自分の国ではどんな役割を果たしているのですか？」

友人は一瞬、言葉に詰まりました。

その友人は、アフリカ芸術の画法を用いてペンキアートで絵を描いているアーティスト。自分の芸術を追求しようと訪問したアフリカで、子どもから「役割」について聞かれ、答えに困ったのだそうです。

先進国の日本では、職業を役割と表現することもできると思いますが、アフリカの子が言う役割とは、

「共同体において自分はどんなことで奉仕しているか」

という質問だったわけです。

ちょっと哲学的に言うと、「あなたは誰に何をするために生まれてきたんですか？」という問いでもあります。仕事のことばかり先行しがちな僕たち日本人は、こんなことを問われると、頭のなかがショートしてしまいそうです。


たぶんその村では、子どもが生まれたらみんなが大喜びするに違いないと思いました。なぜなら、村（共同体）のために奉仕してくれる仲間が増えることを意味しているからです。

かつての日本も、そうだったのではないでしょうか。農家であれば、子どもたちは家の仕事を手伝うし、畑仕事で忙しい親の代わりに、兄や姉が末っ子の面倒を見る。隠居した祖父母が、生き方の知恵を授ける。

「子宝」と表現されたように、**子どもは一家の資産でした**。

核家族化が進んだ今は、ひとりの子どもが大学卒業するまでの教育費に1200万円以上のお金が必要だといいます。**子どもの存在は負債**でもあるのです。

そういった感覚が一般化している日本において、アフリカの子が問いかける「役割」とは、仕事についてあらためて考える重要なヒントになります。

仕事と富について、もっと深く考えることができると思うのです。

僕らはなぜ、仕事をするのか？

「それはお金をもらえるから。評価が高まれば、お金がもっと入り裕福になれる。すると、ほしいものが買える」

今の日本は、このマインドに支配されている人が多過ぎます。そして、こうしたマインドの持ち主に限って、「**やりたいことが見つからない**」とボヤくのです。

その村に生まれ育ったら、すぐにでも村のために何かやることが求められます。「やりたいことが見つかりません」などと言っている暇はない。

力持ちならば、ものを運ぶ仕事をするだろうし、魚や動物を捕まえるのが得意だったら、狩猟がその人の役割になります。小さな村では、各々《おのおの》の価値の交換が可視化しやすいから、何かしらの形で貢献することができるでしょう。

都市生活のなかでそれを見出すのはむずかしいことです。自分の価値がわからなくなったり、能力に自信が持てなくなったりすることもあるでしょう。

「自分は何をやればいいのか」

と、不安になる人もたくさんいます。


だけど、もっとシンプルになってみませんか？

喜ばれることをやればいいのです。あるいは、「こうすれば喜ばれそうだな」と思えることをやればいいのです。

功利的になって裕福になることばかり夢見ていないで、「これで役に立ちたい」と思えることにチャレンジしませんか。料理が得意ならレストランで働いてみればいい。やってみないと、それが本当にやりたいことなのかどうかはわかりません。ダメならやめてかまわない。**失敗は、チャレンジする者の特権**なのです。

POINT
- **大切なのは「何をしたいか」ではなく、「何をすれば喜ばれるか」**
- **向き不向きはやってみないとわからない。まずはチャレンジしよう**

わたしたちはなぜ仕事をするのか？

11

意見の9割は聞かない

あなたは「カスタマーセンター」を利用したことはありますか？

家電などが故障したとき、電話で対応してもらうサービスです。最近は、クレーマー対策なのか、ネット上で問い合わせできるところも増えています。

パソコンのトラブルにしても、若者の多くはネットで検索して自分で原因を調べています。僕もだいたいはググッて調べますから、カスタマーセンターに電話をかけたことはほとんどありません。

ならば、カスタマーサポートという部門は今後なくなっていくのか？

ところが、そうなることはないと断言できます。

企業が今も**「お客様サポートセンター」「お客様相談室」を設けているのは、その企業の発展において大きな意味を持っているから**です。

毎日更新している「中田敦彦のYouTube大学」では、夏目漱石の『こころ』の読みどころを語ったり、秦《しん》の始皇帝の野望と政策について解説したりしています。

動画に対して、毎回いろんなコメントが寄せられます。かなり極端に二分されていて、ほとんどが**絶賛か罵詈雑言**です。

「あっちゃん、最高でした！」「大好き」

という絶賛はありがたいし、とても勇気づけられます。一方で、

「うるさいんだよ」「中田、うざ」

というようなコメントもある。

どういう内容であれ、僕はそれらのコメントをすべて読むようにしています。**大量に寄せられる絶賛と罵詈雑言のなかに、およそ1割だけ、具体的かつ有益な批判をするコメントがある**からです。

たとえば、こんな投稿がありました。

「話しているときにモスキート音みたいなのが混ざっていて聞き取りにくい」

モスキート音とは、1万7000ヘルツ前後の音のこと。蚊の羽音に近いのでそう呼ばれていて、年齢とともに聴力が衰えると聞き取りづらくなります。30代にもなれば聞こえなくなるそうです。ということはつまり、若い人にとっては不快な音が絶えず流れていたことになります。ピンマイクが原因だとわかり、機材を変更しました。

こういった具体的な指摘は、ほかにもありました。

「革ジャンと黒いTシャツ姿だからか、いまいち見る気がしない」

という意見があったので、さっそくほかの講義系ユーチューバーの服装を確認しました。すると、ほとんどがジャケット着用でした。

ほかのユーチューバーとは違う格好をしようと思い、革ジャンを選んだのですが、どうやらそれが動画上ではノイズとして受け止められたようです。**ジャケットに変更したら、再生回数は上がりました。**

こうした指摘はビジネスでもそうでなくても、あなたにとって必ず有利に働きます。具体的な意見こそ成長の糧です。他人の意見の9割は参考になりませんから、悪口は聞き流しましょう。そのぶん、貴重な**1割の具体的な意見に耳を傾けてください。**

POINT

- **指摘や批判の9割は参考にならない**
- **あなたを成長させるのは具体的な指摘。それだけに耳を傾けよう**

12

最初にお金の話をしない

あなたが、何か仕事を依頼されたとします。依頼主は初めての相手です。その相手を前に、あなたはまず何から聞きますか？

仕事の内容は当然聞くでしょう。でも、気になるのは拘束時間でしょうか。あるいは、仕事相手が誰かを気にする人もいます。なかには、金銭面の条件が何より気になる人もいるでしょう。

結論から言うと、最初にお金の交渉から入るのはＮＧです。

もちろんお金のことは重要で、依頼主もあらかじめ最低限払えるギャラは提示するべきです。しかし、受け取る側がお金の話を優先すると不具合が生じます。

お互いが信頼関係を形成する前の段階で、自分の取り分について交渉しようとする人は、結局永遠にお金の話を続けるのです。僕が思うに、そういう人が高いパフォーマンスを発揮することはありません。パフォーマンスより、お金が優先されるわけですから。

言い方は悪いけど、**できないヤツに限ってカネの話をしたがる。**

ファッションブランドの立ち上げなど、ビジネスの現場に触れるようになって、僕はそれを実感しました。

たとえば、あなたは引っ越しの準備をしている。友人に手伝いを頼むとします。その友人は引っ越し業者ではありません。一緒に運び出して、クルマの運転を手伝ってもらう予定です。貴重な休日を自分のために割いてもらうわけです。もちろん、あなたは相手に御礼をする準備があります。なのに、手伝いを頼んだ瞬間、

「それっていくらくれるの？」

こう聞かれたら、ドン引きでしょう。

「友人同士なら引くのはわかるけど、ビジネスではお金の話って大事でしょ」

そうおっしゃる人もいると思います。

お金の話は大切です。しかし、たとえビジネスの現場であっても、真っ先に持ち出す話題ではないんです。経験上、**すぐにお金の話から入る人に、プロの仕事をする人はいません**。プロはお金について聞くタイミングを心得ています。

歴史上でも、大成する人は初めのうちはリターンを求めません。

その**代表例が、天下統一を成し遂げた豊臣秀吉**です。織田信長のわらじを懐で温めていた逸話はみなさんもよく知っていると思います。これはきっと、たった一度のスタンドプレイではなかったと思うんです。おそらく何度も何度も信長のわらじを温めて、信長に顔を覚えてもらった、というのが真相だと僕はにらんでいます。

いつか日の目を見るために、最初はリターンを求めない行動を繰り返す。それがやがて評価につながることを、秀吉はわかっていたのです。

いずれにせよ、**お金の話から入るのは損**をします。

依頼側も、初めて仕事をお願いする相手に、最初から好条件では頼めません。何度もやっていくうちに、信頼関係が築けて、そこから「あの人はこういうところでがんばってくれるな」と**評価されれば、お金はあとからついてくる**と思うのです。

POINT

- **お金の交渉は慎んだほうが結果的に得**
- **とにかく丁寧《ていねい》な仕事をしよう。信頼だけが大きな見返りを生む**

13

ギブ&テイクしない

前項の「最初にお金の話をしない」に続く考え方として、ここで「ギブ＆テイクしない」ことについてもお話ししたいと思います。

アメリカ・ネバダ州で開催される「バーニングマン」をご存じでしょうか。

巨大な人形を燃やしながら展開する音楽イベントなんですが、砂漠地帯でおこなわれます。

砂漠ですから、満足なインフラ設備はありません。ここで約1週間、参加者たちは事実上野宿のような共同生活を送ります。

用意されているのは、現地の環境を守るためのエコトイレと、食料の鮮度を保《たも》つための氷のみ。飲料水や食料、寝床などは参加者自身が準備します。

バーニングマンには**「ギブ＆テイクしてはダメ」というルール**があります。

参加者が持参してきたモノを誰かに振る舞う（ギブする）のはOKです。だからといって、それと引き換えに何かをもらうのはNGとされています。つまり、その場の**物々交換ができないルール**になっているわけです。

「僕のジュースをあげますから、あなたのポテトチップスをください」

を一切禁止しているイベントなんです。当然、売り買いもできません。

そして不思議なことに、**誰よりも振る舞った人が最終的にめちゃくちゃモノを手にする**ことができるんですね。

でも、僕はその結果を当然だと思います。

見返りを求めず振る舞う人は、周囲の信用を得られるからです。


通貨というものが発明されてから、それがモノを得るための媒介物として認識された。通貨は国や地域の共通認識として同じ価値を持ち、水1リットルなら銅貨2枚、魚なら銀貨1枚というように整備されたのが、市場経済の始まりです。

モノをたくさん供給すれば通貨を手に入れられるけど、バーニングマンでは金銭を使うことはできません。手にできる唯一の資本は、信用です。

バーニングマンは、資本主義経済のカウンターのような存在だと思います。

いろいろ手放して、誰よりも振る舞った人に、最後はモノもヒトも集まってくる。

ギブ&テイクは、ただの交換でしかありません。

これからの社会では、**ギブ、ギブ、ギブ、で生きるべき**なのです。

あなたは、日当1万円で、友人からクルマを洗車してほしいと頼まれました。言われただけの仕事をするか。あるいは、頼まれていない内装もきれいに掃除して、相手に「この人に頼んでよかった」と思われる仕事をするか。

評価されるのは、明らかに後者でしょう。**テイクよりもギブに力を注ぐ**ことで、相手から信用を得られます。

信用をためていけば、最終的に見合ったフィーが得られるようになる。信用のないただの金持ちは、「カネがなくなれば終わり」で、いずれ人々は去っていきます。これからは、「人と人の関係」がより大切な資本になるのです。

POINT

- **いちばんたくさん与えた人が、いちばんたくさん与えられる**
- **ギブ&テイクでなく、ギブ、ギブ、ギブで生きよう**

14

「自分」を見せない

品川庄司の品川祐さんと、仲良くさせていただいています。元祖嫌われ芸人の品川さんと、何かと鼻につくことで他の追随《ついずい》を許さない中田敦彦が並んで飲んでいる光景は、なかなか異質なツーショットでしょうね。品川さんは、一緒に飲んでいると常にイジってくれる側にいて、容赦《ようしゃ》ないコメントをどんどん浴びせて楽しませてくれます。それが品川さんの素《す》だと思います。

バラエティ番組などでの品川さんはツッコミがあまりに的確だったせいで、キツイ人に思われがちでしたけど、ああ見えて、収録中のフリが飛び切りうまい、じつは後輩思いの優しい人でもあります。

その品川さんが映画監督として現場に立つと、オラオラ系のイジりキャラは完全に姿を消します。カットをかけたあと必ず、

「最高！　めっちゃいいです！」

と役者さんたちに声をかけるんです。監督としてまさにプロフェッショナル。

だから、できれば品川さんにはずっと監督をやっていてほしいんです。僕らへの容赦ないイジりがなくなって、気が休まりますから（笑）。

まあ、それはともかく、つまり映画監督の品川さんは、映画監督としての役割を演じているわけですね。

監督として現場をもっともいい状態にするために、自分を「監督モード」にして臨んでいる。その目的はいい作品を撮ること、それがすべてです。あたりまえですが、役者さんへのおべっかではありません。

もし、品川さんが撮影現場でバラエティ番組のようなイジリキャラを貫いたら、みんな凍りついてしまうでしょう。まともな映画など撮れるはずがありません。

ミッション達成のためには自分なんて見せなくていいということです。

どんな仕事にも、役割というものがあります。

その役割に適した態度をとることは、ビジネスの現場ではとても重要です。

「**地位は人を作る**」とはよく言ったもので、その立場になって必死に仕事をすることで、役割を演じられるようになるのだと思います。そして、その姿が周囲になじんではじめて、「板についた」となる。

講演会の仕事を受けるときの僕も、講師の役割を演じています。

たったひとりで100人単位の客席に向かって話をするのですから、

「誰も興味を持ってくれなかったらどうしよう」

と、いまだに緊張します。けれども、それで怖気づいてしまっては仕事になりません。**「講師モード」の自分に変わる**のです。

講演では、とにかく参加者のみなさんに、

「みなさん全員に才能がありますから！」「人はなんらかの宝を持っています」

と連呼します。もちろん本心です。ただし、普段の僕のテンションではありません。講師モードになって演じている面があります。ここで本来の自分は見せません。

ありのままの自分を封印して、役割を演じきること。それはビジネスにおけるもっとも重要なスキルのひとつなんです。

POINT

- どんな仕事にも「役割」がある。その役割に適した態度をとろう
- ミッション達成のためには「自分」なんて見せなくていい

15

身構えさせない

僕自身が緊張しがちな人間である一方、相手にも緊張させることが多いようです。

取材を受けるときも、よくライターさんに言われます。

「明日は中田さんの取材だと思うと、眠れませんでした」

よっぽど僕のファンで楽しみにしてくれていたのかと思ったら、現実はまったくの正反対です。

「もし、変な質問して怒らせちゃったらどうしようと心配でした」

いやいや！　僕のこと、冷酷なハンニバル・レクターみたいに思っていませんか？　そんなことないっすよ！　心ではそう叫びつつ、

「全然、なんでも聞いてください！」

と、満面の笑みで応対します。


それにしても、初対面の人を緊張させてしまうことが多々あるんです。

コメンテーターの仕事でも、けっこう尖《とが》った発言をしたことがありますし、バラエティ番組で講義をするとき、意識して塾講師的な口調にしたことも影響しているかもしれません。

「中田敦彦＝怖い人」と思われているきらいがあるわけです。

怖そうとか、厳しそうみたいに思われてしまうことが多いので、最近は相手に緊張感を与えないように、自分を「**カジュアルダウン**」させています。


取材の場でも、打ち合わせでも、**自分の成功例はあまり話さない**。むしろ失敗談や、すっとぼけた話を冒頭に入れるようにしています。

怖いと思われているぶん、僕の**ダメな部分をさらけ出す**と、意外に食いつきがよくなってきます。

さらには、相手に質問する。緊張している若手ライターさんに「今日はどうやって来たんですか？」と何気なく聞きます。それで住んでいる沿線がわかったりすると、妙に盛り上がったりするものです。

カジュアルダウンを自分に課すことで、自分の立ち位置を下げ、初対面の人ともスムーズに話を交わすことができるようになるのです。

そもそも相手に緊張感を与えないタイプの人は、このカジュアルダウンができているのだと思います。

何気なく失敗談ができるし、自分のお茶目なところを出せる。**警戒心を与えず、相手を身構えさせない**。相方の藤森は、カジュアルダウンを若い頃から身につけていました。何しろ、

「君、かわうぃーねえ」

で、やってきた男ですから。いつも明るい相方から学ぶことも意外に多いのです。

どんな仕事も、自分ひとりで完結させることはできません。対人関係を円滑《えんかつ》にするためには、相手のよけいな緊張感を拭《ぬぐ》い去《さ》る必要があります。

リラックスは重要です。それで仕事のクオリティは格段に違ってきますから。

POINT

- **初対面の緊張を和らげるには、自分を「カジュアルダウン」させる**
- **成功談よりも、失敗談を披露しよう**

16

モノは持たない

自己啓発本でも成功者が書いたビジネス本でも、決まって書かれているのが「本を読みなさい」ということ。

僕も、本はできるだけ読んだほうがいいと思っています。

ただ、本棚に飾ることには意味を感じません。読んだ本はどんどん捨てますし、読んでいる途中でも、自分のためにならないと判断したらすぐに処分します。

もともとモノをためられない性格だということでもあるんですけど、コレクター的志向がまったくないんです。モノは買いますが、処分も早い。

僕は「所有する」ことに対して、興味がありません。

「この服は一生ものですよ」

という売り文句にはやたら警戒してしまいます。いくら仕立てがいい服でも、やがてくたびれます。着ている本人の体形が変化するかもしれません。

だいいち「一生ものだよ」と言われて生涯その服を着続けた人なんて、少なくとも僕の知り合いにはいません。たぶん、どこにもいません。

仕事で稼いだお金も、購入した土地も、いずれ自分のものではなくなります。死んでもそれを所有し続けることはできません。

つまり、どんなに資産を蓄《たくわ》えても、それは長期型のレンタルに過ぎないのです。

モノを持ち続けるのは生存するための本能的な行為です。

ただ、現代の生き方として、**所有し、蓄えることにいったいどれだけメリットがあるかは疑問**です。ときにそれがその人を縛《しば》ることになりかねないからです。

モノにとらわれ、失うことを恐れる。それはずいぶん不自由な環境に自分を追い込んでいるようなものです。

現代はモノが溢《あふ》れています。ということは、仮に失ったとしても、それはいつでも取り戻せるのだ、それくらいゆったり構えていいのではないでしょうか。

所有欲を捨てれば、現代人の悩みの大半は解消されるのではないかとすら思っています。だから僕は捨て続けることを是《ぜ》としているんですね。

実は僕は娘が幼稚園で作ってくれたモノにも、あまり興味がありません。幼稚園で作った工作物も、僕のために描いてくれた絵も、写真に収めたら捨てています。

僕ら親子にとって**大切なのは描いた絵そのものではなくて、娘が絵を描いてくれたという事実**だと思っています。娘の成長過程が、僕の頭のなかに記憶されていればいい。

そんなことを言うと、なんて冷淡な人間なんだと非難されそうですね。

でも思い出してみてください。あなたも子どもの頃に両親の絵を描いたと思いますが、今それがどこにあるのか、わかりますか？

大切なのはモノそのものではありません。モノの先にある意味であり価値です。

モノが増えていく現代では、ためらわずに捨ててしまうことも大切です。**モノに振り回されず、軽やかに生きていく**ほうが楽しいに決まっていますから。

POINT

- **所有欲を捨てれば、現代人の悩みの大半は解消される**
- **「持たない」「捨てる」で軽やかに生きよう**

17

次世代に資産を残さない

駆け出しの頃、テレビの仕事が入るようになると、まずやるのが「街ロケ」「食レポ」でした。これはもう若手芸人の通過儀礼のようなものですね。

続いて多い企画が、いわゆる「お宅訪問」です。

これまで、何十軒という豪邸にお邪魔しました。

一時代を築いた俳優さんとか、大物アーティストとか、あらゆる方々の豪邸を見て正直に思ったのが、

「家は買わなくていいや」

ということでした。

前項のようにモノに執着しない性格もあるからだと思いますが、マイホームが果たして必要なんだろうかと考えてしまったんです。本当に**たくさんの成功者に会って、いくつもの個性的な家を見た結果、僕は家を持たないことに決めました。**

ですから、今も賃貸住宅に住んでいます。

一軒家の場合、メンテナンスやリフォームにかかる維持コストは相当なものです。これが中庭やプールのある豪邸ともなってくると、すさまじい費用になります。実際、

お宅訪問でうかがったなかには、メンテナンスが行き届かない豪邸もありました。オーディオルームがあったとしても、音響設備が新築当時の旧式のままだったり、LDのデッキが残っていたり……。多くの設備を入れ替えなくてはならない状態でした。

一軒家は建てて終わりではなくて、そこからメンテナンスが一生続くわけですから、購入はリスキーだと思いました。

さらに、移動できないというリスクもあります。仮に家族の誰かが健康を害して、都心から離れたところに住む必要が生じたとき、**家は邪魔**になってしまいます。

ならば、賃貸で設備が新しくてきれいなところに住み、多少時間が経過したら、自分たちの条件に合ったところに移り住むのが理想です。

よほどの財産があるなら別ですが、多くの人にとって、持ち家は資産ではなく負債です。

資産を持とうと借金して、結果負債を抱えるのは不幸です。

もし、僕が無理して一軒家を得たら、娘たちの世代まで続く負債になりかねません。娘がそこに住み続けたいのか、本人の希望もわからないのに家を持ってしまえば、のちにいろんな不都合が生じかねません。

僕の両親は千葉に家を持っていますが、僕に譲り受ける気はまったくありません。まず、千葉に住む気がないから。それに父親の家であり、僕のモノという感覚がない。いつか千葉の家が処分されたら多少のお金になるかもしれませんが、僕はいりません。それよりも、両親の教育のおかげで、**僕は僕で食べていけるようになったこと自体が財産**です。

価値観が目まぐるしく変わる現代、何が財産で何が負債になるのかが、ますますわかりにくくなっています。僕たちがゴミくずのように思っているものが財産になるかもしれません。次世代の人たちには、自分で生きていく力を養ってほしい。僕たちがやるべきは、知恵という「見えない資産」を渡すことです。

POINT

- **持ち家は資産でなく負債**
- **「知恵」という見えない資産を受け継いでいこう**

大前提として、人間関係は毒である。
あなたがいま悩んでいること、
その根っこには
人間関係が潜んでいるはず。
でも、あなたに喜びをもたらすのも
またどこかの誰かだ。
ということは、人間関係のストレスを
大幅に減らせれば
喜びは倍増、そうなる。
そんなことが可能なのか?
可能なんです。

レクチャー

❸ 人間関係編

18

変なヤツを拒絶しない

20歳前後の若い人たちと話していると、みんな口を揃えて、

「僕にはまだ何もないんです」

と、うつむくのですが、そんなわけがありません。

だって、これまで20年も生きてきたんですよ。ほかの誰も過ごしていない20年を積み重ねてきているのですから、絶対に何かがある。

僕は今36歳ですが、アニメや漫画にいちばん親しんでいたのは10代後半まででした。20歳くらいの人なら、きっと僕が知らないアニメをたくさん観ているでしょう。それだけで、僕にないものを持っているわけです。

僕が読んでいない漫画があって、それについて話を聞かせてくれるとしたら、もうその人は「自分には何もない」とは言えない。その人はもう、**絶対に「何かを持っている」存在**なんですね。

真面目な人ほど、自分を過小評価してしまいがちです。そんな過小評価に陥《おちい》っている人は、まわりにいる「変人」から学んでください。ここで言う変人とは要するに、

過剰な人のことです。

彼らは「自分には何もない」なんてことを思う暇もないほど、エネルギッシュに生きています。


たとえば、無類のイチゴ好きの人がいるとします。

好きが高じるあまり、「あまおう」や「とよのか」といったメジャーなイチゴでは飽き足らなくなって、「おいCベリー」「恋みのり」などのマニアックな品種も食べるようになります。産地に出向いて農家さんから情報を仕入れ、インスタグラムで写真をアップ。休日にはイチゴ柄の服でお出かけするほどの入れ込みようです。


変わり者ですよね。まさに変人です。

でも、当の本人はいたって真面目にイチゴ愛を貫《つらぬ》いているだけです。

変人は、自分を変人だと自覚していません。

なぜなら、自分にとってはただ当たり前に生きているだけだからです。

僕は、こういう変人が大好きです。

「あっちゃんて、なんか癖《くせ》の強い人たちとも普通にしゃべってるよね」

と相方の藤森からよく言われます。

人目も憚《はばか》らず、**ほかに脇目もふらない変人の、その追求心は紛れもない才能**です。

僕はいつも他人の才能に飢《う》えています。

「この人の才能はなんだろう？　盗めるものはなんだろう？」

いつも変人のそこばかり見ています。その相手の悪い癖でなく、いい癖だけを拝借したい。

「この人は僕の何に役立ってくれるんだろう？」という計算高さもある。だから、変人を冷静に分析するのが習《なら》い性《せい》のようになっています。

「変わった人とは、なるべく接したくない」という人もいるでしょう。というか、そっちが大半ですよね。あなたはどうですか？　でもね、それじゃもったいない。変人は才能の塊《かたまり》です。**変人とは付き合ったほうが得**です。

大前提として**人間関係は毒**なんです。誰だって、長時間付き合えば疲れるでしょう。相手が誰であれ、人と交わることは毒なのです。でも、どのみち付き合わざるを得ないのですから、逃げていても仕方ない。

僕のオンラインサロンや「幸福洗脳」で出会う人たちも、変人だらけです。信じられないほど体力のある人や、まったく空気を読まない人、超がつくほどお金に無頓着な人。みんな、思い思いに生きています。映画『アウトレイジ』は全員悪人でしたが、**僕のまわりは全員変人**です。楽しいヤツばかりです。

自分には何もないと言っている若者も、何かがある。何でもいいんです。あなたが好きなこと、体験したこと、気になること、なんでもいい。とりあえずそれを掘り起こして、磨《みが》いていきましょう。追求してみましょう。**変人こそ最強**なんです。

POINT

・大前提として人間関係は毒。どうせ毒なら変人と付き合おう

・変人から学ぶことは多い。変人は生きたいように生きている

「変人」の探求心を見習おう

19

まわりの評価を気にしない

同じ人間とは思えないくらい、とてつもないエネルギーを持っている人を、僕は**「高エネルギー体の持ち主」**と呼んでいます。

先輩芸人でいえば、明石家さんまさんが代表格です。

さんまさんには、基本的にオフの状態がありません。ずっとオンなんですよ。

テレビ局の廊下で会っても、ものすごく声が大きいんです。

「おーっ、おまえ、元気か！」

楽屋にいても、さんまさんの声はすぐにわかります。

あなたのまわりにもいませんか？　とにかく明るくて元気な人。エネルギッシュで声の大きい人。それでいて、何かしらのカリスマ性を感じさせる人。まさに高エネルギー体の持ち主です。彼らは、ただそこにいるだけで、

「この人、なんかすげえ！」

と思わせてくれるのです。

猛烈《もうれつ》な明るさと存在感を放つ高エネルギー体の人を見ていると、3つの共通点があることに気づきました。

①姿勢がよく、堂々と歩く
②初対面の人とは必ず握手をする
③すべてにおいて行動が早い

そういったことがナチュラルにできているんですね。**「こうしたら得だ」という作為はなくて**、いつも気持ちよさそうに歩いているし、ごく自然に握手を求めます。レスポンスが早いのは、判断のスピードが速いからです。

さらに、**他人からどう思われているかを気に留めていません**。人が喜ぶ行動をナチュラルにできるから**結果的に評価される**だけで、本人はただ楽しんでいるだけです。

その人が高エネルギー体なのは生まれ持ったところも大きいと思いますが、あなただってそうなることは可能なんです。事実、僕はある方法でそこに近づくことができたと思っています。

といっても、とても簡単な方法です。無理やりでも、**ポジティブな言葉を口にする**。それだけです。

「今日も最高に楽しいな」「すばらしい1日になるぞ」

どんな言葉でもOKです。とにかく、**前向きになれる言葉を連呼**しましょう。

僕がもともと猫背で、姿勢を正《ただ》すために空を見上げることは前にお話ししました。それと同じことです。気持ちなんて込めなくてかまいません。ただ、前向きな言葉を繰り返しましょう。

ネガティブなことがあっても、逆をつくのがコツです。雨が降り出したら、「肌が保湿できる！」と言ってみる。そうしたら気持ちが高まって、ホルモンが分泌され、本当にお肌がぷるぷるになってしまうかもしれません。

とにかく、高エネルギー体を目指してみて損することはひとつもありません。まわりの評価に一喜一憂《いっきいちゆう》することもなくなるでしょう。それだけであなたは魅力的な人間になります。

POINT

- まわりの評価に振り回されたくないなら「高エネルギー体」になれ
- 「最高に楽しい」「すばらしいね」ポジティブな言葉を連呼しよう

20

「人脈」と言わない

人間関係について考えるうえで、どうしても腑《ふ》に落ちない言葉があります。「人脈」という言葉です。

なんだか、あまりいい響きとして聞こえないんですよね。

「金脈」をイメージしてしまうのか、人間を個体でとらえていないように思えてしまうんです。「ご縁」という言葉のほうが、僕はしっくりきます。

この本を読んでくださっている人のなかにも、いわゆる「異業種交流会」に参加したことのある人はいると思います。

僕自身は、人と会う機会はどんどん増やせばいいと思っているので、そういうものには条件が合えば参加したほうがいいという考えです。ただし**「人脈狙い」で行くと失敗**します。

異業種交流会に対して否定的な意見としてよくあるのが、

「人ばかり多くて誰と話したのか忘れてしまう」

「ただの名刺交換会になってしまってその後の展開がない」

といったものです。

でもそれは、一度きりのパーティーに期待し過ぎです。お見合いパーティーで意中の人がなかなか見つからないのと同じこと。**そんな簡単に仕事仲間やパートナーと出会えるわけがありません。**

人との出会いは本当に不思議だなと思います。同期のはんにゃ・金田哲とはずっと仲良くしていますが、もし一期違えば先輩と後輩の間柄になるので、今のような付き合いができるかといえば、わかりません。

相方の藤森と出会ったバイト先も、もし僕がその職場を選んでいなかったら、オリエンタルラジオは誕生していませんでした。

ものすごく繊細な赤い糸で結ばれているとも思いますし、何かの拍子で糸がからまったら、その出会いすらなかったわけですから、やっぱり人生は不思議です。

何も僕はここで、運命論めいたことを言うつもりはありません。

異業種交流会はただの糸口に過ぎないのです。もしかしたら、さんざん名刺交換した末に疲れ果てて会場をあとにして、ふと入った居酒屋で昔の上司と再会するかもしれません。そこで上司が独立することを聞き、仕事を手伝うことに……。なんて話も現実的にあり得ます。

やはり、何かしら**人間関係を獲得しようとしなければ、出会いは生まれない**ということですね。

どういうわけか、みんな「人脈が、人脈が」と言うでしょう。その人とどういう関係を結べたら、「人脈」と呼んでいいのか、僕にはイメージできません。もし、自分が誰かの脈に入るとなると、抵抗感があります。その人の手駒として扱われているように思ってしまうんです。

人脈という言葉に振り回されると、本当の人間関係を見失いかねません。**上っ面でなく、喜びも悲しみも共有できる相手**を探してほしいと思います。

POINT

- 人脈とは狙って作れるものではない
- 「人脈、人脈」と力まず、「ご縁」の精神で人と接しよう

21

ほめられようとしない

ウチの妻が僕についてほめてくれることは、たったひとつだけ。

「ほんとあなたって、人から怒られてもぜんぜん気にしないよね」

そこだけかい！　と思いますが、さすがに妻は見抜いていますね。

「過剰になって怒られろ」

が、僕のモットーです。

今の時代、怒られないようにやり過ごしていては、それはもう何もやっていないのと同じです。

失敗が怖いのでしょうか。でも、失敗を繰り返さなければ、成功はありません。

また、失敗にも2種類あるのです。

ひとつは、「**不足していたせいで起こる失敗**」です。

遅刻するとか期日に遅れるとか、初歩的なミスですね。あるいは、企画書10点の約束だったのに、6点しか提出できなかったという失敗も同様です。

不足による失敗は論外です。思い切り叱られてください。

もうひとつは「**過剰による失敗**」です。

この、過剰による失敗とは、歓迎すべき失敗なのです。

たとえば、あなたが会議前に資料を座席の全員分セッティングしておくよう指示されたとします。

資料を人数分コピーして、パワーポイントでプレゼンする人のためにパソコンとモニターをつないでおく。

これで十分と思っているあなたは甘い。ここから過剰になるのです。

僕なら、長丁場《ながちょうば》の会議でも口がさみしくならないよう、**キャンディやクッキーを紙皿に入れてセットします**。室内が広くてなかなか暖まらなそうなら、**人数分の使い捨てカイロも用意します**。

つまり、指示に従うだけでなく、**独断でアイデアを加える**のです。その結果、「子どもの集まりじゃないんだぞ。お菓子なんか出すな」と怒られるかもしれません。でも、それはいい失敗なのです。

若手時代、芸人たちで集まっては、大喜利《おおぎり》の真似事《まねごと》をしていました。

最悪なのは、スベるのが怖くて何も出さないことです。

ここで重要なのは、ウケるネタを思いつくまでじっと考え込むのではなく、**とにか**

く数を出して存在感を示すことです。だいたい、百発百中で笑いをとることなど、一流芸人でも至難のワザですから、臆《おく》せず過剰になるしかありません。

過剰であれば、上司から「いいかげんにしろ」と怒られてもいいのです。**何もやらない「陰の失敗」より、果敢に挑戦した「陽の失敗」のほうがはるかに実りがある。**そして、そんなあなたの姿を、遠くで見てくれている人が必ずいます。大きな決定権のある人ほど、過剰な失敗に対して寛容なのです。

安易にほめられようとするのは得策ではありません。結局そうするとすべてがこぢんまりしてしまうんですね。ほめられるかもしれないが、相手にインパクトが残らない。それより過剰に成功を狙う。たとえ失敗しても得るものが多いですから。

怒られるのが怖いですか？　大丈夫、怒られても死にません。

POINT

- 「不足による失敗」はＮＧだが、「過剰による失敗」はＯＫ
- ほめられようとして中途半端になるのだけは避けよう

22

友だち多い自慢をしない

友だちは多いほうがいいです。

もちろん、ビジネスの現場でも仲間が多いほうがソリューションの総合力は高まります。プライベートでも、友だちが多ければいろんな趣味に誘ってくれます。

実際、僕は友だちが多いです。

僕のオンラインサロンや「幸福洗脳」で出会う人たちもみんな友だちです。

仕事仲間も僕にとっては友だちです。


たとえば、まだ友だちかどうか微妙な間柄の人と一緒に道を歩いているとします。

すると別の友人にバッタリ。

「おお、あっちゃん。久しぶり。あれ？　こちらの方は？」

もしこういうシチュエーションに出くわしたら、僕は迷わず、

「彼は友だちだよ」

と、即答します。

まだ他人行儀の間柄のとき、第三者から関係性を聞かれるのは絶好のチャンスだと思うんですね。そこで友だちだと言い切ってしまえば、「僕はあなたと友だちだと思

っている」というメッセージをスマートに明確に伝えられます。もちろん、心からそう思っている。だから即答できるのです。

20代の頃の僕は、友だちとそうでない人を区別していました。でも、仕事でいろんな人と関わるうちに、そういう区別はムダに思えてきたのです。

だいたい、友だちを定義する条件は人それぞれ。僕が友だちと思っていても、相手は否定するかもしれません。といっても、友だちかどうかを認定する機関なんて存在しませんから、**こちらが友だちだと思っていればそれでいい**のです。

実際問題、そう考えて不都合なことはありませんでした。

友だちは多いほうがいい。だけど、友だち多い自慢は禁物です。

「○○社長とはよく麻布で飲んでいるんだ」

「○○くんは、呼べばいつでも来るから」

と、**友だち多い自慢をする人は、ただ友だちが多いことを自慢しているのではなく、いつだって相手を動かせる（と思っている）自分を自慢しているに過ぎません。**要するにそれは、マウンティングです。

本当の意味で友だちが多いことが自慢ならば、

「彼は漫画に詳しくて、話を聞いていると本当に読んだ気になるくらい面白いんだ」

と、**友だちのすごさを自慢するはず**です。しかし、たいていの「友だち多い自慢」をする人は、「友だちの多い自分自慢」です。

学生時代、藤森からお笑いコンビを組もうと誘われたとき、「友だちじゃなくなるかもしれないからイヤだ」と何度か断ったことがあります。

でも、今はまったくそんなふうに思いません。

友だちだった人と仕事をするのも、仕事をしている相手が友だちになるのも、ごく自然なことだからです。

僕には、友だちとビジネスパートナーの区別はほとんどありません。

だけど、たまに「友情を大切にしたいなら、友だちと仕事をするのはやめておけ」という意見を耳にします。

兄弟でお店を経営して経営権で揉《も》めるとか、学生仲間で輸入会社を設立した結果、共同購入した商品の持ち分で喧嘩《けんか》になるとか、そんな話をよく聞きますから、わからないでもない。

しかし、幸福洗脳の場合、僕はすべてのプロジェクトで責任者となります。

友だちに仕事を頼むとしても、雇用主は僕です。共同経営の方法は採用していません。僕ひとりで責任をかぶるなら、友だちと仕事をすることにデメリットはないと思います。

むしろ、能力がある人に仕事を依頼するとき、**「友だちだからやめておこう」という考えでいると、物事を後退させてしまいかねません。**

友だちは宝です。仕事もともにできる仲間です。でも「友だち多い自慢」はなんの自慢にもなりません。それより人に自慢できる友だちを作りましょう。

POINT

- **あなたが友だちだと思えば、その人とはすでに友だち**
- **友だちの多さでなくて、友だちのすごさを自慢しよう**

友だち多い自慢は自分自慢

友だちの多さではなく、友だちのすごさを自慢しよう

友だちは「数」ではなく「質」

23

友だち少ない
自慢もしない

「友だち多い自慢」は聞きたくないという話をしました。

ここでこんなことを言えば、あなたは混乱するかもしれませんが、僕は「友だち少ない自慢」もするべきではないと思っています。

理由は単純です。何もいいことがないからです。

僕自身、それで苦い経験をしました。

僕はかつて「友だち少ない自慢」をしていたんですね。

芸人としてミステリアスなキャラクターを醸《かも》し出したかったのか、今となっては恥ずかしいのですが、友だちいないキャラを通していました。

相方の藤森が明るいキャラで目立っていたので、対照的な中田敦彦像を演出する狙いもあったと思います。実際に、今ほど友だちも多くありませんでした。

キャラとして「友だち少ない」ことを発信していると、困ったことが起きました。

実際の友だちが悲しむんですね。

「友だちがひとりもいないんです」と僕がテレビで言う。すると「えっ！　俺たち友だちじゃなかったのか」と実際の友だちを落胆《らくたん》させてしまい、あとであれはキャラなんだと、あわてて弁解するはめになったのです。

テレビのキャラクター設定でなくても、そんなかつての僕のように、わざわざ友だち少ない自慢をする人をたまに見かけます。

やめましょう。**誰も得をしません**。

友だちが少ないと触れ回っている人は、まわりから「付き合いづらいんだろうな」と敬遠される。

そして、友だちだと思ってくれていた人を傷つける。

何もいいことはありません。

友だち少ない自慢をしている人は、孤独を愛しているのでしょうか。あるいは、友だちが少ない（と思っている）自分に酔っているのでしょうか。

いずれにしてもそんな調子だと、本当の友だちも去っていくし、新しい友だちもできません。

友だち少ない自慢をしている人には、友だちと仕事をするという発想がないのだと思います。でも、現役世代の生活においては、仕事の時間がもっとも長いのです。ならば、**仕事仲間を友だちにしたほうが楽しい**。

逆に、古くからの友だちと仕事をする間柄になれば、それもまたすばらしいことです。仕事によって、好きな仲間と一緒に目標を実現できるのですから。

たとえばあなたが、Tシャツの制作を任されたとしましょう。

そのデザインを誰に頼みますか？

①友だちではないけど、適したデザイナー
②友だちだけど、適していないデザイナー
③友だちではないうえに、適していないデザイナー
④友だちで、かつ適しているデザイナー

当然、僕なら④に依頼します。次点で①に依頼、それでダメなら②に相談します。

「ちょっとあなたのキャリアとは違う仕事で、たくさんダメ出ししちゃうかもしれな

いけど、やってみる？」

と、お願いします。優先順位はあくまで④と①。③には依頼しません。言うまでもなく、友だちがいるだけ仕事仲間の選択肢は拡がります。

結局、僕が思うに「友だち多い自慢」をする人も、「友だち少ない自慢」をする人も、独りよがりなんです。

心でしっかりとつながる相手は、誰にだっているはずです。僕にとって理想の友だちとは、鎖でつながれたような強固な関係ではなく、**伸縮性のある紐でつながっているような柔軟な関係**です。

「多い」「少ない」にこだわるのでなく、一緒にいて楽しい友だちを大切にしましょう。繰り返しますが、友だちは宝です。

POINT

- 仕事仲間も友だちにしてしまおう。そのほうが絶対楽しい
- 強固な鎖ではなく、柔らかな紐《ひも》。そんなつながりが理想

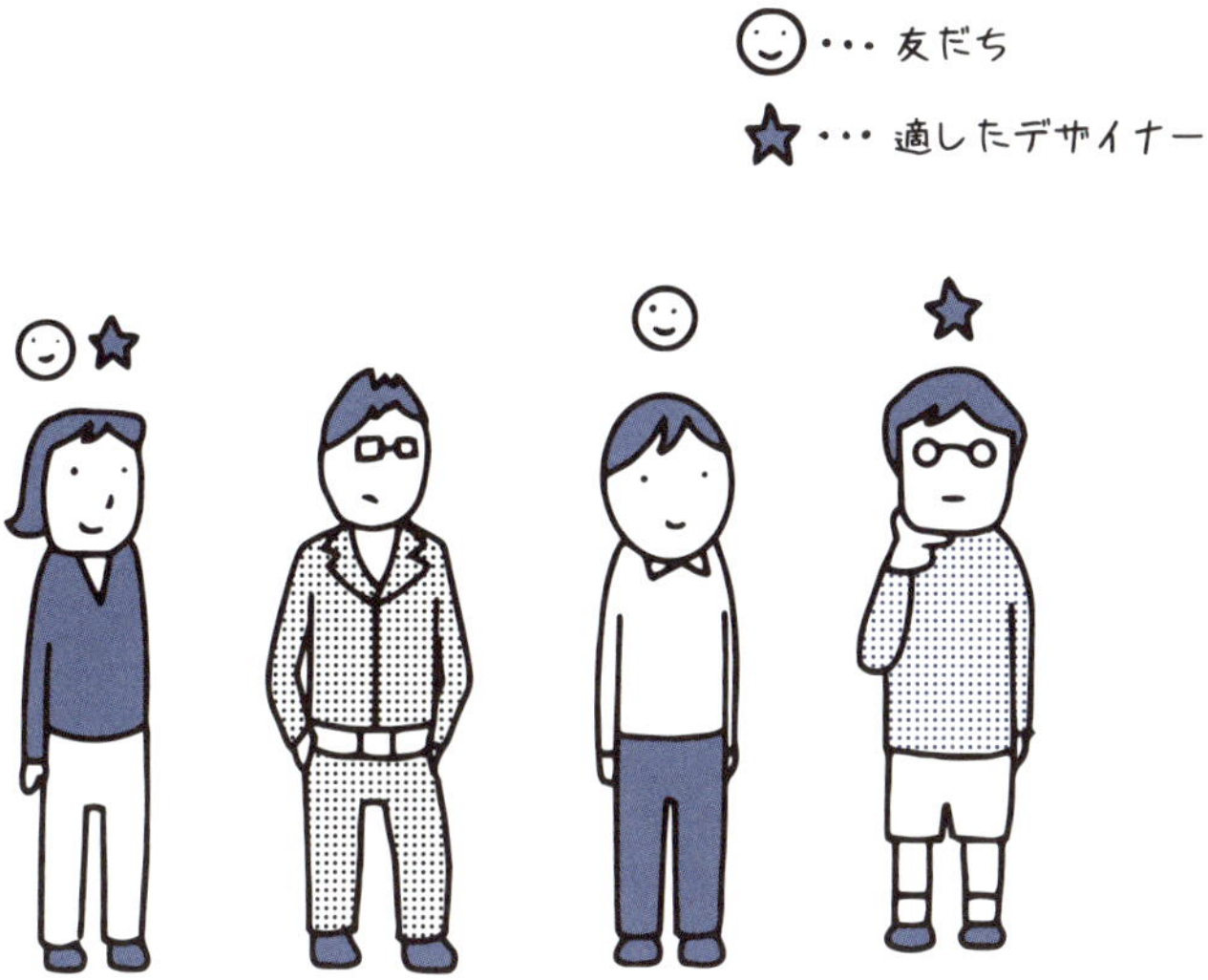

仕事仲間も
友だちに
してしまおう

友だちとは柔軟につながろう

24

身内と仲良くしない

家族に興味がないんです。僕は、いちいち**家族と仲良くする必要なんてない**と思っています。

母親はわりとマイペースな人で、あまり会話もかみ合いませんでした。かといって、それで嫌いに思うこともありません。父親も弟も、**お互い干渉しない家族**なんですね。

相方の藤森は、お母さんと一緒に旅行に行くらしいです。それが普通なのかどうかわかりませんが、僕には考えられない。

ウチの家族の関係性を知る人からは、
「中田さん一家って、ドライだね」
とよく言われます。

家族旅行もあんまり記憶がないし、だいいち、ベタベタした付き合いは苦手です。繰り返しますが、嫌っているわけではないんです。それは僕らのダンスボーカルグループ「RADIO FISH」のメンバーに弟が加わっていることからもわかると思います。弟としてかわいいからとか、そういう感覚で抜擢《ばってき》したわけではありません。

弟にはダンサーとしてのすばらしい才能があり、またチームプレーのできる優しい人間です。まさに打ってつけの人材だったから加わってもらったまでなんです。

僕は自分の子どもに対しても、ベタベタした接し方はしないようにしています。娘の幼稚園の行事も、ハイキングには行きますが、泥粘土遊びの会は遠慮します。理由は汚れるのが嫌だから。相手がたとえ子どもであっても、僕自身の気持ちは気持ちとして率直に表明するようにしているんです。

「一緒に『プリキュア』を見よう」

とせがまれても、

「お父さんにとっては『プリキュア』はまったく面白くない。だから見ないよ」

毅然《きぜん》とした態度で断ります。

「お相撲やろうよ」

「いやだよ。つまんないし」

「かけっこは？」

「走るだけだよ。そんなの楽しくないよ」

こんなふうにしていると、**娘は中間点を探り始める**んです。

この話の通じない父親が、何を提案すれば乗り気になるか、娘は娘なりに考えます。いろいろ考えた結果、将棋やカードゲームに行きつくわけです。

公園に行っても、僕が疲れたら帰ります。基本的に子どもたちもはしゃいでいるだけだし、それを見ていられるのも1時間が限界です。

子どものためにずっと遊びに付き合うお父さんは立派だと思います。でも僕は子どもたちにも本音で接したいんですね。そのほうがお互いに楽だし、なにより一緒にいて楽しいから。だから、「そうでちゅねえ」みたいな、子ども言葉も使いません。

本音をそのまま口にすると、ときには娘もグサッとくるかもしれない。

でも、いざ学校や社会に出れば、ちょっとやそっとの否定にいちいち傷ついていられません。別にメンタルを鍛えるのを目的にしているわけではありませんが、僕は僕なりに、**子どもたちとフラットな関係でいたい**んです。

相方の藤森は、僕にとっては身内同然です。家族や親戚に近い存在です。だから、家族に対する接し方とほとんど変わりません。

若い頃は殴り合いの喧嘩《けんか》もしましたが、今は大人同士、一番いい距離感で付き合っています。彼は身内であり、親密な業務提携先でもあります。お互い独立しているから、相方の仕事も「がんばってるなあ」と、親戚の活躍を見守るような感じで見ています。

他人より、身内相手のほうが、やっかいなトラブルが起きやすい、というのは世の常でしょう。金銭の問題、介護の問題、資産の問題。切っても切れない身内だから、いったんこじれると手に負えなくなります。家族との付き合い方というのは実は人生の要《かなめ》だと思っています。**深入りせず、適度な距離を保つ**。それがたとえ何か問題が起きたとしても、みんなで冷静に協力して対処できるポイントになると思うんです。

POINT

・他人より、身内相手のほうが、トラブルが起きるとやっかい
・身近な相手だからこそ、適度な距離でフェアな関係を築こう

身内とは適度な距離を保つ

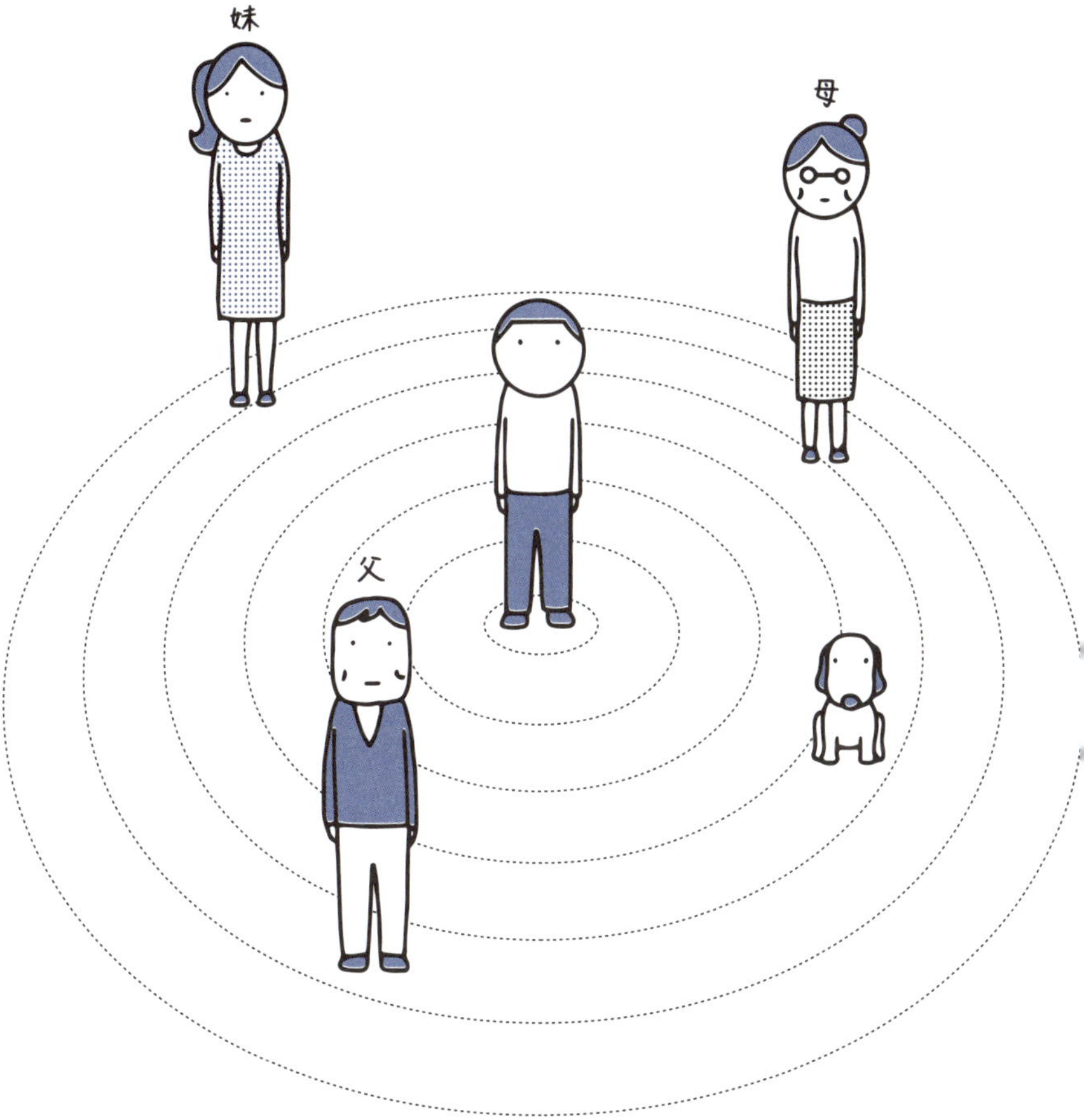

家族・親族とこそ距離感が大事

25

相手を決めつけない

2019年度から、青山学院大学の客員講師として教壇に立っています。テーマは放送、音楽、物販やエンタメ業界全般について。座学というより、僕の活動全般を通して一緒に体験してもらう実践の場です。毎週月曜、真剣勝負の授業に挑んでいます。

教師としてはテレビの『しくじり先生』以来ですが、学生たちと触れ合うのはすごく楽しいですね。

ただ、全体的に学生たちはいまひとつ自分に自信を持っていない。将来の夢についても、具体性のない子が多い印象です。

あなたがもし目上の人間だとして、そういう若者にどう接しますか？

「最近の若いヤツは、どいつもこいつも覇気がないな」

こんなふうに言ってしまうのは完全にNGです。0点です！

若い人たちは、上の世代からの「決めつけ」を恐れています。

僕も、20代前半の頃、先輩方から「おまえはこういうヤツ」と決めつけられるのは不愉快でした。同じような思いをさせないのが、先輩の役目です。だいたい、**決めつ**

けは思考停止そのものです。

いつか起業したいけど、何をすべきかわからないという学生がいました。しかし彼には、どんな会社にしたいのかイメージがありませんでした。

「どんなことがしたいの？」

「とにかく、人を幸せにしたいです」

その志《こころざし》は買います。だけど、あまりにぼんやりしている。世界中の人を幸せにするならば、大国の大統領や国連事務総長などになれば道は近いでしょう。でも、そういうことがしたいわけではないらしい。

ヒアリングを重ねて、「家族や友だちが幸せになることをしたい」ことがわかりました。幸せにしたい範囲は明確になったけど、肝心《かんじん》の業務内容が見えてこないので、質問を変えました。

「ところで君はどこに住んでいるの？　趣味は？」

「調布です。趣味はサッカーで、地元のＦＣ東京が好きです」

ようやく、彼の個性が見えてきました。話を聞いていると、ＦＣ東京には詳しいし、週末のスタジアムがお客さんでいっぱいになることも教えてくれました。

彼には、「FC東京のファンや関係者が幸せになるサービスを考えてみたら」とアドバイスして別れました。今後、どんな会社を立ち上げるのでしょうか。

彼はFC東京のファンである自分になんの価値も感じていませんでした。そこが彼の個性であることを僕が見つけてあげたというのは出しゃばり過ぎですが、少なくとも、決めつけて接することはしませんでした。**どんな相手でも、ヒアリングを重ねれば面白い話が出てくる**のです。

若者のことを決めつけてこき下ろす人がたまにいますが、そういう人は何も生みません。若者に必要なのは可能性です。それを折ってはいけない。もしあなたがこれから社会に出ていく若者なら、そんな相手の言うことはくれぐれも無視してください。

POINT
・「おまえはこういうヤツだ」とは絶対言わない
・決めつけは悪質。決めつけは相手の可能性を折る

26

人にあこがれない

いつも僕の前を走っている人がいます。

キングコングの西野亮廣さんです。芸人以外の活動全般やオンラインサロンの運営など、僕は西野さんから多くのことを教わっています。

品川庄司の品川さんだけでなく、西野さんも誤解されやすいタイプです。型破《かたやぶ》りな発言が取り上げられるためか、尖《とが》った人だと思われがちですが、実際にはすごく思いやりのある先輩です。


僕はそんな西野さんにあこがれています。でも、どうあがいても西野さんにはなれない。

だけど、ただ西野さんの背中を追うのではなく、今は自分ができることについて必死に考えるようになりました。あこがれるだけじゃダメだ、自分なりにやるべきことはなんだろう？

そうなったきっかけは、とある知り合いからの指摘でした。


その人は、西野さんと僕の両方のオンラインサロンに参加していて、僕らそれぞれの活動を応援してくれています。ちなみに、西野さんのオンラインサロンの会員数は日本一を誇っていて、僕のオンラインサロンの会員数とは桁違《けたちが》いです。

「西野さんは、自分のためにお金を集めているわけではないですよね。でも、今の中田さんは、自分のビジネスを成功させるために協業者を探している状態だと思う」

いきなり核心を突かれました。でも、彼女の指摘はもっともです。

確かに西野さんは、美術館の建設や、ラオスに小学校を作るために奔走するなど、常に誰かのために動いています。

「中田さんも中田さんなりの社会貢献のかたちがあると思う。西野さんは独身だけど、中田さんには家族がいますよね。『RADIO FISH』というチームもある。西野さんにないものを持っているから、それを活かさないともったいない。中田さんの企画力があれば周囲をもっと幸せにできるはずです。そういうビジネスをしてほしい」

僕は自分のアイデアを実現させるのが楽しいあまり、突っ走る傾向にありました。本来、ビジネスとは公共のためにやるべきものです。仕事という字だって「(人に)仕える事」と書きます。**公に奉仕する精神が大切**です。

彼女の指摘はそう考えをあらためる機会になりました。

あなたにはあこがれの上司や先輩はいますか？

いるのなら、その人のいいところはどんどんマネしましょう。「真似《まね》ぶ」＝「学ぶ」ですから。

あこがれの対象は年上に限らないし、知り合いでなくてもかまいません。電車のなかにも学ぶべき人は存在します。

「席を譲ったあの人の仕草《しぐさ》、素敵《すてき》だな。今度やってみよう」

そういう精神が、あなたを成長させてくれます。

だけど、**あこがれで終わってはダメ。それ以上、自分が育たない**んです。

僕も西野さんに対して、これからもあこがれ過ぎずにあこがれていきます。

POINT

・あこがれの上司や先輩のいいところは、どんどんマネよう

・でも、あこがれるだけではダメ。そのさらにひとつ先を目指そう

組織・集団は
いつもあなたに強要する。
「それは間違いだ」
「それは正しいよ」
「そんなことしちゃダメだ」
そういう無言の圧力が渦巻くのが
組織・集団だ。
でも、うまくマインドセットすれば、
そんなの余裕でかわせちゃうんです。

レクチャー

4

組織・集団編

27

組織に浸からない

今、企業のあり方が大きく変容しています。

副業を許可したり、「社内ベンチャー」を推進したり、ひと昔前ではあり得なかった形態が活発化しているように見えます。

こういう状況で、やる気になるか、あるいは戸惑《とまど》うか。

あなたはどちらでしょうか？

ビジネス書や自己啓発書のセオリーだと、ここでやる気を鼓舞《こぶ》するところです。

けれども、**新しいものを闇雲に肯定して、イケイケドンドンで煽るだけでは、本質的なことは何も語れない**と僕は思います。

やはり、少し冷静になって考えてみる必要があります。

社内ベンチャーとは、企業内起業に近いのか？　資本は誰が出すのか？

もちろん会社によって条件は異なりますが、資本も人材も会社が集めるのであれば、旧来型の新規プロジェクト募集に過ぎません。

言葉を入れ替えただけで、何も新しいことはしていないのです。

組織とは、常にこういう手練手管《てれんてくだ》を駆使《くし》するものです。

企業側から考えれば、その組織の成長と存続だけがレゾンデートル（存在意義）なのですから、生き延びるためにはなんだってします。

転職市場が成熟化した今、優秀な人材がいつまでも会社に残ってくれるとは限りません。存続を第一義とした企業は、なんとか稼いでくれる人間を残したい。しかし、優秀な人ほど転職や独立を夢見るものです。

その折衷案《せっちゅう》として社内ベンチャーを打ち出していると考えれば、簡単に手を挙げるのは早計《そうけい》です。まんまと会社にだまされています。ですから、これからの企業は、副業や起業に関するルール作りをもっと透明化すべきです。

ビジネス街を歩いていると、多くの人が首に社員証をかけています。

それらの多くは、入館用のセキュリティーパスとして機能しています。丸の内でパスをぶら下げている人たちを見ると、「この街は企業戦士ばかりだなあ」と思ったりするものです。

その入館パスが実はやっかいな存在なのです。

もちろん、不審者の侵入を防ぐことは社員の生命を守るためにも大切なことです。犯罪を未然に防ぐために、企業がやっておくべきことであるのは言うまでもありません。

しかし、入館パスのなかにチップが入れ込まれていて、社員の動きを総務部ですべて管理しているような企業も実際にあります。

社員が30分以上トイレにこもっているのをコンピュータで検知するのは技術的に十分可能ですし、そういった管理システムを採用しているところはかなりあります。トイレに長時間こもっている社員は、急病で大変なことになっているかもしれません。健康管理として、パスにチップを埋め込んでいるという言い方もできます。逆に言えば、トイレで30分サボっている社員を監視できるということでもある。これは個人行動のモニタリングにほかならず、組織としては越権行為です。**ダイナマイトの発明が戦争で使われたように、システムをいかに扱うか、会社の良識次第で大きく変わります。**

僕は何も、「すべての会社が悪だ」と言いたいわけではありません。

物事にはオモテとウラがあり、一面からしか見られない人は、うっかりだまされてしまいかねないという事実についてお話ししています。

愛校心、愛社精神、愛国心。そういう考えを否定しません。サッカー中継を見れば、僕も日本代表を応援します。しかし、**自分が属する組織を盲目的に信用するのはいかがなものか**と思います。組織とは、その存続のために、あらゆる手法を駆使するからです。

組織に使われるのではなく、逆に使い倒してやるくらいの精神が、現代人には欠かせないマインドだと思います。あなたが今属している組織に対して、冷静な視線を向けることが、この先もっと必要になっていくと思うのです。

POINT

- 自分が属する組織だからといって安易に信用しない
- 組織に使われるのではなく、使い倒してやるくらいでいい

組織を盲目的に信用しない

会社に使われるのではなく、会社を使おう

28

無理に緊張を解こうとしない

誰もが経験のあることだと思いますが、入試のときに試験会場を見渡すと、全員が自分より賢く見えるのは、まさに受験生あるあるですよね。

でも、全員自分より頭がいいなんて、完全なる思い込みです。

人間は、いろんな状況に心が対応するようにできています。

要するに、不合格だったときの布石なのだと思います。試験会場で「俺以外全員バカだな」と思ったのに合格できなかったときの自分は、言葉にならないほど情けないですから。

そんな受験生あるあるは、集団を前にしたときの緊張感が引き起こすものです。人前でスピーチするとき、「聴衆を全員ジャガイモだと思うようにする」という暗示も緊張したときの対策法ですよね。

これだけ舞台やテレビ出演を経験した**僕も、人前に出るたびに緊張します**。YouTubeの収録や大学の講義も同様です。毎日のように繰り返している仕事でも緊張するのですから、そういう性分なのです。

集団とは、そこにいるだけで威圧的です。気圧《けお》されるのは仕方がありません。講演の現場では、余計なことまで考えてしまいます。

経営者50人の前で、ビジネスについて話しても鼻で笑われるだけではないか？

ご婦人の多い会場で、僕のような男は総スカンを食らうのではなかろうか？

不安な気持ちは、放っておくとどんどん肥大していきます。

聴衆をジャガイモだと思って話すことで解決という人もいると思います。おそらくそれも、ひとつの良案なのでしょう。


ここで、僕が考える2種類の緊張についてお話しさせてください。

単純に、**緊張には「よい緊張」と「悪い緊張」しかありません**。

よい緊張とは、「自分はこれだけの準備をしたのだから、絶対に失敗したくない」と思いを強くする緊張です。準備をした。努力も重ねた。それを思い出し、武者震《むしゃぶる》いしています。そういう緊張は、なんら問題はありません。あとは**開き直って人前に出ればいい**。意外にも、そういうときは本番で落ち着けるものです。

悪い緊張は、準備不足によるものです。何も対策を打っていないまま本番を迎えて、その場で「ヤバい」と焦《あせ》ります。じわじわと汗をかき、一番大事なときに緊張のピークを迎えるのです。

悪い緊張とは無縁でいたいものです。

でも、緊張することはすなわちその対象を大事だととらえている証《あかし》です。まったく緊張しないのは、それを重要視していないということでもあります。

そして、緊張感は個人ないし集団と対峙《たいじ》するときに起こる感情です。

バイトの面接でも、スピーチの本番でも、必ず目の前には人がいます。

だって、ペットボトルのお茶を前にして「緊張するなあ」と思いながら飲むことなんてないでしょう。

僕は、**緊張をやわらげようとしなくていい**と思っています。緊張したまま、自分の緊張感をはっきりと自覚する。むしろ緊張していることは、自分がそれに対して**真剣に取り組んでいる証拠だと誇りに思えばいい**のです。

毎週の収録や講義で相変わらず緊張するのは、YouTubeのユーザーさんや学生たちに楽しんでもらいたいと思うからです。どうでもよければ、鼻でもほじって気楽に構えているはずです。

それでも極度の緊張で何もできなくなってしまうほどだったら、ごく簡単なことをやってみましょう。てのひらに人と書いて呑《の》む。深呼吸する。ワッハッハと声に出して笑ってみる。気持ちがラクになるのなら、なんでもいいです。

僕の場合、講演などでは実際にこう口に出してしまいます。

「いやあ、緊張しています。会場も謎の緊張感に包まれてますね！」

これだけで、少し気楽になれます。客席の人たちも緊張していたのか、この言葉で、空気がマイルドになるのです。

緊張感を無理にゆるめる必要はありません。**あなたが真面目な人間であることに胸を張ってください。**

POINT

- **緊張するのは真面目《まじめ》に取り組んでいる証拠**
- **緊張に逆らうのはやめよう。大丈夫、そのままでうまくいく**

緊張を
やわらげようと
しない

極度の緊張で
何もできないほどの時は・・・

声に出して
笑う

深呼吸

てのひらに
「人」と書いて飲む

緊張している自分を誇りに思おう

29

アドリブはしない

忘れっぽい性格なので、**常にメモをとっています**。

一時期は手帳に凝《こ》っていましたが、今はiPhoneのメモ機能を使っています。

気に入ったレストランがあっても、そこでなんのメニューがおいしかったのかすら思い出せなくなるので、メモのアプリを開きます。

「ここはチヂミとスンドゥブがうまいから頼もう。ナムルは絶対に大盛り禁止ね。食べきれないから」

と、メモを見れば注文時に悩みません。こういうことが、すべてiPhoneのメモに書いてあるんです。

僕のiPhoneのメモ帳は、びっしりと埋まっています。

飲食店だけでなくて、忘れてはいけないことはどんどんとメモに書き込んでいます。

書くべきことは多く、それが学びになるのです。

イノベーションの発想もメモを参考にします。かなりのアイデアを、メモから得ていると言ってもいいくらいです。だいたい、**アイデアは天から降りてくるものではありません。学習の積み重ねでしか、得ることができない**のです。

人類はなぜ文字を発明して、記録する習慣を得たのか。もちろん、言語というほかの動物とは比べものにならないコミュニケーションツールを獲得したことが前提にありますが、やはり、脳のなかで記憶するには限界がある。膨大な情報量を次世代に伝えるためにも、記録するようになったのだと思います。


あなたは、アドリブというと、どういうことを想像しますか？

お芝居で台本にないことを言って、場を支配する役者さんの粋《いき》な姿。

ジャズセッションで初めて共演したミュージシャンたちが、その場でアレンジを加えてオシャレに演奏するライブの光景。

アドリブには、何かとカッコいいイメージがつきまといます。

しかし、**実生活においてアドリブは邪魔**なだけです。


就職の面接で、その会社について何も調べないまま挑んで、「あなたは我が社をどう思いますか？」という質問にアドリブで答えられますか？

何も答えられず、とんちんかんなことを言っても、「僕、その場の雰囲気を大切にしているんで」なんて平然としていられる人は、たぶん不採用です。

学びなしのアドリブは無意味です。たとえば食事のとき、日本では残さず食べるのがマナーですが、韓国では食事を振る舞ってもらうときは少し残すのが礼儀とされています。日本では「美味《おい》しかったのでペロリと食べました」という意味で食べ切るのに対し、韓国では「たくさんいただいてお腹いっぱいです」という意味で残します。場所が変われば、ルールが異なるのは当然のことなのです。

お芝居や音楽にしても、基礎やルールがあったうえでのアドリブです。役者さんは台本を細かく読んで役を理解していないと適したアドリブは言えませんし、ミュージシャンも長い音楽経験のなかで培《つちか》われた技術があるから、セッションができるのです。

僕が小説や歴史の本を読むのは、過去の失敗の過程が描かれているからなんですね。そこから学びとって、**自分のメモに記録する。そして、何度も反復する**。自分の行動原理に落とし込むわけです。そうして得た知を、いずれ周囲と共有してもいい。

「知の共有」と言えば大げさですが、「知恵を授ける」と言い換えればわかりやすいと思います。

書き込むほどにメモはより豊かなものになります。僕個人においても、生きるうえで欠かせない台本になるのです。台本を頭に入れず本番に臨む俳優など、大根役者に違いない。

よく行く居酒屋でも、僕はメモを眺めます。

「ここのハイボールは濃過ぎるから、お水ももらっておこう」

これで失敗しません。しょうもない例ですけど、いいのです。メモのおかげで、僕は今夜も悪酔いせずに済むのですから。

POINT

- 場当たり的に挑んでも、いいことは何もない
- すべては地道な作業の積み重ね。大切なことはメモにとろう

アイデアのためにメモを取ろう

30

競わない

飲食店の話をしたので、お腹がすいてきました。

人から「何が食べたい？」と聞かれると、悩んだ末に、だいたい「焼肉」と答える僕は、食のバリエーションが少ないのだと思います。

よく行く焼肉屋さんの鉄板メニューもメモに残していますよ。「センマイ刺し、ロース、上タン。すべて塩。カルビは脂が多いので注意。以上」と書いてあります。


食べることは好きですけど、そんなにこだわりはありません。気がついたら同じものばかり食べていることもありますから。

ただ、飲食店のメモ書きは続けています。一時期は「食べログ」にレビューを残そうかと考えていたほどでした。結局いまもっぱら自分で読み返すだけですが。


グルメブームといわれていますが、今に始まったことではありません。僕らが芸人デビューする前から、食レポの仕事は飽和状態でした。食に対する関心はこれからどんな世の中になろうとなくならないでしょう。

芸人の先輩でも、アンジャッシュの渡部建さんをはじめ、グルメなタレントさんは大勢います。

多くの実力者がひしめく場所に行っても競争に呑まれるだけ。僕に勝ち目はない。だからグルメ企画には参戦しません。そもそも、仕事と仕事のあいだに牛丼をささっと食べて満足しているような人間ですし。

僕がこれからグルメタレントになろうとしても、それは手遅れです。今活躍しているグルメタレントや料理評論家は、時間と手間とお金をかけて舌を育ててきました。

わざわざ倍率の高いところを目指しても、労多くして功少なしです。僕が一見、風変わりなことをやっているのはそのためです。**意識的にニッチを狙っている**んです。

「芸人×ユーチューバー」「芸人×アパレル経営」「芸人×大学講師」

これらはすべて競合相手が少ない、あるいはいないであろう掛《かけ》合《あ》わせです。ほかの人があまりやろうとしない領域なので、チャレンジのし甲斐《がい》があるんですね。

今、僕がグルメタレントを気取るのは、とにかく流行《はや》っていることだけを理由にタピオカのお店を始めるくらい短絡的です。

僕がもし食に関わるとすれば、「戦国時代の食糧事情」や「チンギス・ハーンはどうやって兵士たちの食事を手配したのか」というような考察がメインになると思います。戦争は言わずもがな体力勝負。兵士の栄養摂取をいかに合理化できるか。そこに指揮官の力量が問われます。どうやって食料を確保するのか、しかも冷凍技術のない時代にどうやって運搬《うんぱん》するのか。現代の流通産業やリーダーシップ論につながるテーマですし、非常に興味深いです。

ともあれ、食に関して何かするとしても、僕はニッチなところを目指します。テレビだけでなく、あらゆるメディアで飲食店やレシピの情報が取り上げられます。そこで僕が何かやろうとするなら、ほかと異なる切り口を探すしかない。でも、そもそもオリジナリティとはそうやって生まれるものだと思っています。

POINT

- **競争相手が多いところでがんばるな**
- **ニッチなところでオンリーワンになろう**

31

新世代を遠ざけない

オンラインサロンの運営もアパレルブランド「幸福洗脳」も、**素人からの出発**です。もちろん、芸人として学んだことは活きています。基本的なあいさつから、コミュニケーション、プレゼンのコツなどは芸人人生で培《つちか》ったものが活きています。それまでの社会経験が役立つことは少なくありません。

しかし、**過去の実績を頼りにしているかと言えば、それはNO**です。

オリエンタルラジオを結成したのは相方の藤森から誘われたのがきっかけです。2004年、養成所在籍中にM-1グランプリの準決勝に進出したことで、いろんなバラエティ番組に出演する機会が増え、「武勇伝」につながっていきました。

芸人として、多くの人に出会った経験は有形無形《ゆうけいむけい》に役立っています。だけど、「武勇伝」の実績で幸福洗脳を立ち上げられたわけではありません。

でも、若い人たちは決まってこう言います。

「中田さんがいろいろやれるのも、芸人としての実績があるからですよね」

過去に成功体験のある人だけがうまくいく世の中なら、イノベーティブな経営者は出てきません。**堀江貴文さんも、SHOWROOMの前田裕二さんも、最初の成功を掴むまではただの学生**でした。

僕だって、今チャレンジしていることに関しては未知の領域です。新しいことに挑戦しているあいだは、芸人とか経営者とか学生とか、立場はまったく関係ありません。実績だけでお客さんが集まってくるほど、世の中は甘くない。

そう熱弁しても、若い人の多くは、どこか冷めているのです。

そして、こんな言葉が続きます。

「わたしはまだ何者でもありません」「何も成《な》し遂《と》げていません」

若い人たちの自信のなさは大問題です。「どうせわたしにはできないだろう」とどこか悟っているようにも見えます。あなたの職場でも、あきらめているような、怖がっているような、そんな若者はいませんか？　ひょっとしたらあなたがそうですか？

こういう若者たちを真っ先に元気づけなくてはならないのが、僕たち30代から40代の世代です。

なぜなら、バブル世代の人は若い頃に好景気を味わっていますから、今の若い人たちの不安や不満をイメージできない。それより上の世代ならなおさらです。

不況のなかで世に出た僕らの世代こそ、彼らの諦観《ていかん》や不安に対してリアルに寄り添えるのだと思っています。

ならばどうやって寄り添うのか？　**一緒に希望を語る**のです。

僕ならこう呼びかけます。

「自分が何者かなんて考えなくていい。だいたい、どんな人間も生まれたときは何者でもなかった。僕もそう。だから、キミのなかのエネルギーを発揮してほしい。最初からあきらめる必要なんてない」

これは僕自身に向けての言葉でもあります。**若者を励ますこと＝自分を励ますこと**。若い世代ときちんと向き合う。それは巡り巡って自分のためにもなるのです。

POINT

- **チャレンジとは常に未知の世界。不安や恐怖はあたりまえ**
- **みんなで希望を語ろう。そこに可能性がある**

32

無遅刻無欠勤を目指さない

フレックス勤務やテレワークが一般化している今、無遅刻無欠勤が表彰される会社なんてあるのでしょうか？

もはや**「無遅刻無欠勤」は無意味**です。

仕事の合間にカフェで休憩していると、会社のノートパソコンを取り出して作業している人をたくさん見かけます。喫茶店といえば営業マンのサボりの聖地でしたが、今や第二のオフィスと化しています。

あなたが会社員で、もし無遅刻無欠勤を誇っているなら、申し訳ないけど思考停止の悲しいサラリーマンでしかありません。誤解してほしくないのですが、遅刻については僕も否定派です。遅刻しておきながら平然としているヤツなんて大嫌いです。

問題は「遅刻をしない」ことが目的化してしまうこと。そういう人はビジネスマンとして危険水域です。

どんな仕事にも期限があります。納品日、各種書類の提出日、約束されたプレゼンの日。それらに追われて、僕らはいつも慌《あわ》ただしく生きています。

そんな状況でも、クオリティの高いものを提供しなければなりません。

でも、そこで**「遅刻をしない」ことが目的化してしまうと、クオリティを犠牲にしがち**なんですね。期限に間に合わせるためにやむを得ないと。

でも取引相手はそんなことを求めていません。

「期限を守り、かつ、クオリティの高いものを提供する」

こちらが求められているのは、これです。

もし「期限を何日か延期したら、自信のあるものを提出できる」と思うのならば、その時点で、取引相手に期限の見直しを申し出ればいいと思います。

しかし、ここで大切なのは、そのクオリティを自己満足で評価しないことです。

「締め切りよりも2、3日延ばせば最高のプレゼン資料になる」と思っていても、たいていは他人に関係のない独りよがりなこだわりに過ぎません。期限通りに出しても、評価はたいして変わらないものです。

無欠勤も同じです。それが目的化してはいけない。

誰よりも早く出勤して、誰よりも遅くまで働く。こんな猛烈《もうれつ》サラリーマンが美徳と

された時代はとっくに終わりました。今はむしろ、
「コイツ、いつまで働いているんだ。仕事の効率が悪いんじゃないか？」
と、冷たい視線を向けられるのがオチ。

総じて、**休むのが下手な人は、仕事も下手**です。デキる人は、サボるのも上手です。職場のホワイトボードに、自分の行き先を細かく丁寧《ていねい》に書いているとしたら、今すぐやめましょう。「**働いているアピールする痛いヤツ**」としか思われません。あっさりと書き残すくらいでいい。

クオリティさえキープできればサボってもいいんです。サボるなかで、次の仕事のアイデアがまた浮かぶもの。**しっかりサボるために、今この時をやり切りましょう。**

POINT

- **休むのが下手な人は、仕事も下手**
- **サボろう。サボるなかでアイデアが生まれる**

33

顔色を うかがわない

僕はけっこう怒りっぽい性格です。YouTubeの収録や「幸福洗脳」で一緒に仕事しているメンバーはほとんど年下なのですが、怒るときはついつい大声になってしまいます。

でも僕には、前述したように「言葉のテンプレート」がありますから、怒りが長続きすることはありません。

「ちょっと待って！　あれだけ先にやっておいてって言ったよね？　……でも、まあ、たいしたことじゃないか」

語尾に「**たいしたことじゃない**」とつけると、気が落ち着きます。怒っている内容も、冷静になって考えてみればそのほとんどが実際たいしたことじゃないんですね。

怒りっぽいけど、根に持つことがないのが救いです。当の怒られているほうはたまったもんじゃないと思いますが、僕はすぐに怒りを忘れてケロッとしています。

パワハラやモラハラが問題視されて、ちょっとでも感情を出して怒ることにも差し障りのある世の中です。でも、僕は**もっと素直に怒っていい**と思っています。

もちろん、全否定はダメです。自分が怒っていることをきちんと表明して、感情をさらけ出す必要があると思います。

だって、顔だけニコニコしていて腹のなかでいがみ合うほうが、よっぽど不健康じゃないですか。感情的にならないことが正しいように評価されがちですが、場の空気ばかり読んで、**なあなあで済ませるほうが問題はあとで大きくなる**はずです。


性格的に、相手に対して怒れないタイプの人もいると思います。

怒りっぽい僕も損ばかりしてきましたが、怒れないあなたも損をしています。

「こんなことを言って、相手は傷つかないだろうか」

「自分の感情を振り回して、迷惑ではないだろうか」

と、考えるのでしょう。

そんなあなたは、とても善人だと思います。

だけど、僕に言わせれば他人の顔色をうかがっているばかりで、自分の感情を大切にしていない。**他人の感情を、そこまで優先させなくてもいい**のです。


自分の感情は自分だけのものです。今、親戚が亡くなったばかりで猛烈《もうれつ》に悲しいと

します。それでも、仕事には行かなければならない。そういうとき、まわりの顔色をうかがう人は、

「自分の悲しさなんてみんなには関係ない。黙っておくのが筋《すじ》だ」

と、涙を隠して働きます。だけど、僕だったらこう言います。

「今、親しかった親戚を亡くして気持ちが落ち込んでいるんだ。ちゃんと仕事はするけれど、元気がないのはそういう理由だから」

自分の感情を隠すのではなく、ちゃんと周囲に知らせることも必要です。結果的に理解を得られて、現場がスムーズになります。

もちろん感情を出し合うことで関係が深刻化することはあり得ます。でも、それだってお互いがより深く理解し合えるチャンスだと僕は思うんですね。

無理に抑えつけることなく、自分の感情を大切にしてください。

POINT

- 怒りっぽい人は損をするが、怒れない人はもっと損をする
- 自分の感情を隠すのではなく、ちゃんと周囲に知らせよう

「こうでなければならない」
という縛りを捨てること。
今この瞬間を楽しむこと。
そして、自分の直感を信じること。
それがあなたを正しくする、
僕はそう信じています。
レクチャーの最後は、
あなたが秘める
無限の可能性について。

レクチャー

5

人生編

34

夢を見ない

日本人には「会社員マインド」が根付いています。起業し、自分で稼ぐということにも消極的です。

そんな現状に物申すつもりで以前に『労働2・0』を刊行しました。この本で主張したことに、今も変わりはありません。

僕のメッセージに背中を押され、一歩動き出してくれることはとてもうれしいです。もちろん、**「Just Do It」の精神は大歓迎。これまで抑圧されてきた人生を思い切り解放させてほしい**。

しかし、まったくもって無計画なまま動き出すのはNGです。それは海路の知識がないまま舟をこぎ出すようなものです。

僕が芸人になるとき、親に対して理詰めで説得したことはすでに本書で述べました。収入面の問題、それにもし芸人として芽が出なかった場合のキャリア形成についても計画的に考えていたので、僕はムチャなことをしたつもりはまったくありません。

ノープランで突っ走るのは勇敢でもなんでもなく、単なる無謀です。

前にも述べましたが、場当たり的なアドリブはリスクでしかありません。

ここで敢《あ》えて言いましょう。

夢なんて、無理に見なくてもいいんです。

もちろん、夢を持つのは大切です。実際、僕も多くの人に対してそう力説してきました。

ただし、夢を持つことがすべてではありません。もっと大切なことがあります。

それは何か？

本書をここまで読んでくださったあなたは、もうおわかりだと思います。

僕がこれまで語ってきたことを要約すると、「学ぼう」ということなのです。

受験やテスト向けの勉強をしろということではありません。人の話に耳を傾ける。自分ならどうするか考える。成功している人のノウハウを盗もうとする。そういうことです。

いろんな人の話に耳を傾け、自分なりに考え、さまざまなノウハウに触れてみる。そのあいだ、あなたはいやでも自分と向き合い続けます。そしてやがて、自分が見えてくる。

自分にはどんな能力があるのか、もしくはどんな能力が欠けているのか、そのことが客観的につかめるときが訪れる。

どう逆立ちしても歌手にはなれない音痴な人が歌手を夢見ても、不幸なだけです。その不幸を避けるために学ぶのです。

歌手がだめなら、歌手のマネジメントや音響エンジニアとして音楽に携わっていく道があります。そんな道はいくらでもあるんですね。

あなたは何によって社会に貢献できるのか。

言い換えれば、何によってまわりを喜ばせることができるのか。

たいそうな夢など見なくても、そこにさえたどり着ければ、あなたの人生はきっと輝くと思うのです。だってそのときのあなたは絶対に楽しいはずですから。

POINT

- **大切なことは「自分は何によってまわりを喜ばせられるのか」**
- **自分を知ろう。そのためには「学び」だ**

35

幸福を求めない

意外に思われるかもしれませんが、**僕は野心家ではありません。**

確かに、やりたいことがたくさんあるタイプで、行動力もあると思います。アパレルブランド「幸福洗脳」もプランが浮かび、そこから開業にいたるまでのスピードは速かったです。動画配信「中田敦彦のYouTube大学」も同様で、アイデアが固《かた》まって収録に移るまでさして時間はかかりませんでした。

これらはすべて実験なんです。野心に突き動かされているのではありません。

「芸人がアパレルを始めたらどうなるか？」

「芸人が大学で授業を持ったらどうなるか？」

ドリフターズのコント「もしもシリーズ」みたいなもので、その中田バージョン。「もしも中田がユーチューバーだったら」の仮説と立証を繰り返しているわけです。

もちろん、やるからには成功したい。評価を得てお金に換えたいし、人の役にも立ちたい。だけど、物事を始めるスタート時点では、いつも**好奇心と実験精神だけに焚きつけられているような状態**です。

若い頃は、「お金がほしい」「ちやほやされたい」という気持ちが先行していました。それを得ることが、幸福だと思っていました。でも、いろんなことを続けるうちに「これをやりたい！」という単純な衝動が勝ってきたのです。

実験精神を発揮して、**やりたいことをやるのが僕の幸福**です。

あなたにとって、幸福の条件とはなんでしょうか？

いい家に住むこと？　いいクルマに乗ること？

あるいは、家族と仲良く暮らすことを幸福と思っている人もいれば、誰にも邪魔されずゲームができることに生きがいを感じる人もいるはずです。

幸福の条件は人それぞれなのに、それを忘れてしまうのが人間です。

同期が先に出世すると焦《あせ》るし、高級時計を身につけた人を見かけると嫉妬します。気を抜くと、幸福の羅針盤が狂ってしまうのです。

あなたの友だちに、婚活《こんかつ》している人はいますか？　もしかしたら、今読んでいるあなたがまさに婚活中かもしれませんね。

婚活中の人は「結婚しなければ幸せになれない」と思い込みがちです。頭のなかがそこにしか向いていないから、おいしい料理を食べても、面白い映画を観ても、そこにちっとも幸せを感じられない。

でも繰り返しますが、幸福の条件は人それぞれ。凝《こ》り固まった思い込みは捨てましょう。焦る必要なんてどこにもないんです。そんなことより**今この瞬間を楽しみませんか**。料理を楽しんで、映画を楽しむ。そういうあなたのほうがきっと魅力的です。**幸福は追わなくても、向こうからやってきます**。

ここであなたを「幸福洗脳」しましょう。現代に生きる**わたしたちは人類史上でもっとも恵まれています**。食べ物は豊富にある。とりあえず住む場所もある。もうすでに、わたしたちは幸福なのです。

POINT

- **焦《あせ》らなくて大丈夫。わたしたちはもうすでに幸福**
- **今を楽しもう。「こうでなければならない」との縛《しば》りを捨てよう**

36

自信はいらない

あなたには、他人に自慢できるものがいくつありますか？

僕は芸人になったばかりの頃、自分には何もないと思っていました。

まわりのみんなは暴走族上がりだったり、家がものすごく貧乏だったり、エキセントリックなご両親がいたりと、芸人としておいしい引き出しを持っている人ばかりでした。

かたや僕はごくごく普通の家庭で育ち、両親も常識的な人物。クセのある強烈な友だちもこれといっていませんでした。そんな僕が高校時代に打ち込んでいたことといえば、受験勉強くらいなものです。地味過ぎますよね。

でも、その勉強に明け暮れていたことが思いもかけず、芸人としての僕の個性となり、武器となったのは、すでに述べた通りです。

どんな人でもきっと何かあります。まわりが驚くような宝をどこかに必ず持っていると思うんです。

「何かあなたの面白いところを教えてくれませんか？」

初対面の相手にそう言われたとします。何かの面接の場だとしましょうか。

相手はあなたの目上であり、人生経験も豊富で、たくさんのことを見聞きしているような、そんな人物です。あなたにあこがれの人がいれば、その人を思い浮かべてみてください。

さて、返答に困りますよね。

学校のこと、仕事のこと、趣味のこと、性格のこと、好きな食べ物のこと、友だちのこと、家族のこと……。どれも面白いとはとても思えない。自信がありません。

でも、だからといって、いつまでも黙っているわけにはいかない。やむなく、**思いつくそばから、自分のことを明かす。出し惜しみせず次々に明かしていきましょう。**

すると、十中八九、相手から意外なリアクションがあるはずです。

「〇〇さん（あなた）は高校時代、自転車通学だったんだ」

「ええ。みんなそうでした」

「バスや電車は？」

「わたしの実家は、駅から車で30分のところだったから、電車だと遠回りになるんです。それにバスは一日に三度しか走らなくて」

「へえ、すごいところに住んでたんだね！」

あなたにとってあたりまえのことでも、他人にとってそうでないことはいくらでもあるんですね。そしてそれこそあなたの個性であり、武器なんです。

平凡な人なんていません。みんなどうしようもなく個性的です。

都会で生まれ育った人からすれば、田舎で育ったあなたは新鮮な人物として映るでしょう。

だから自分に自信を持て、という話ではありません。むしろ自信なんてなくていい。あなたのなかの自信のない部分に宝は隠れているのですから。

大切なのは、**尻込みしたり、出し惜しみしたりしない**こと。なんでもいいから自分のことを伝えてみてください。空《から》っぽになるまですべてさらけ出しましょう。それが個性として認められるのは、ガリ勉を武器にした僕が実証済みです。

POINT

- **自分に自信のない人ほど、自分自身をさらけ出そう**
- **出し惜しみせずにやり続ければ、必ず武器は見つかる**

37

感情をおさえない

我ながら、理屈っぽいほうだと思います。

実際、本書でも論理的に考え、行動することの大切さについて説いてきました。

この世の多くの事柄が、理屈で説明がつくと思っています。

けれども、**人間は感情を持つ生き物**です。

本来は感情的な生き物だから、長い時間をかけて論理的な思考力を養っていったのでしょう。それが哲学や倫理学、現在の科学とつながっているのだと思います。

論理的に振る舞うことは生きるうえで不可欠ですが、感情的な部分もまた不可欠です。**論理的であることと感情的であることは矛盾しません。**


僕は「なんとなく感じた」ことを大切にしています。

「なんとなく」なんて感情的もいいところですよね。いわゆる、直感というやつですが、僕はそれを信じます。そして直感に従うと、理屈で凝《こ》り固《かた》まった頭もほぐれます。そこにまた新たな可能性が生まれるんですね。


引っ越しで部屋を見学したとき、はっきりした理由はないけどなんだか住みたくないと思ったことはありませんか？　そういう直感は大切にしたほうがいい。その手の**直感を無視してよかったためしはあまりない**のではないでしょうか？

霊感だとかスピリチュアルな力とまでは言いませんが、人間には問答無用《もんどうむよう》に何かを察する感覚が備わっています。それは対人関係においても同じです。

仕事である人を紹介されたとします。

その人は実績十分で、口ぶり、表情、物腰など雰囲気も柔《やわ》らかく、どっちかといえば接しやすいタイプのはず。

でも、なぜかあなたは好感を持てない。何かが引っかかる気がする。でもそれが何かはわからない。そんなとき、どうしますか？

「自分の気の迷いだと思い直す」

これは間違いです。

あなたがその人に好感を持てなかったことは事実。それを捻《ね》じ曲げる必要などどこにもありません。

ひょっとしたら時間をかけて考えれば、好感を持てなかった理由くらいは見つかるかもしれません。笑顔が一瞬嘘《うそ》っぽく見えたのかもしれないし、苦手な人と同じ香水をつけていたせいかもしれない。

でも**原因を突き止めたところで無意味**です。

好感を持てなかったという揺るぎない事実がある。その揺るぎない事実をわざわざ否定する材料を探したところで何も変わりませんよね。

感じたこと、直感を大切にしましょう。

「そんなことを言われても、仕事だから付き合わないと……」

そんな調子で無理を重ねると、心は蝕《むしば》まれていく一方です。それは相手にとっても、あなたにとっても不幸でしかありません。

距離を置いても仕事はできます。会うのでなく、電話にする。電話よりもメールにする。トラブル回避のために信頼できる第三者をCCする。やり方はいろいろあります。直感に従って、敬して遠ざけましょう。

直感を無視してしまえば、痛みに対して鈍感になっていきます。

体調もそうです。「なんか変だな」という違和感を無視し続ければ、やがて大病の発見も遅れてしまうに違いありません。

僕は身体に違和感があったら迷わず病院に行きます。結果、たいしたことがなければそれでいいのです。

「直感はすでにあなたが本当になりたいものを知っている。それ以外は二の次だ」

アップルの創業者、スティーブ・ジョブズの有名な言葉です。

あくまでも主役はあなたの心、感情、直感です。かたや論理はそれを形にして、まわりに伝え、実行に移すための手段なのだと僕は考えています。

あなたがなりたいもの、なりたくないもの。あなたがやりたいこと、やりたくないこと。迷わず物事をやり遂《と》げるためにも、あなたのなかの直感に耳を澄ませましょう。

POINT

- **論理的であることと感情的であることは矛盾しない**
- **あなたの直感は正しい**

直感
正しい行為
相手と距離を置く
直感に
従おう…
誤った行為
相手のキゲンをとる
なんとなく
好感が持てない
誤った行為
自分の気の迷いだと
思い直す
誤った行為
がまんして付き合う

直感はいつでも正しい

38

同じ場所に居続けない

今の職場で思うように活躍できていないとします。これといった人間関係の悩みもなく、雇ってくれた職場には感謝しかない。でも、任された仕事でいまいち成果を上げられない、そういう状況です。

こういうとき、大半の人は悶々《もんもん》としながらもその職場に居続けるのだと思います。自分がブレイクスルーできていないことに自覚的であり、その職場自体に不満はない。それで飛び出すのはなかなか難しいでしょう。

自分の得たい評価が得られない。でもそれを環境のせいにはできない。ならば、そこでがんばるしかない。そういう発想ですね。

それに転職先の職場環境の良し悪しは、実際に転職してみないとわからないというリスクもあります。

けれども、**僕ならその今の職場はやめます**。

評価されたいとがんばり続けているのに評価されないのなら、たぶんそこではずっと評価されません。そのような職場にとどまるのは転職以上のリスクだからです。

いくらがんばっても、構造的に活躍できない組織というのはあります。あるいは、そもそも自分の能力と合っていない仕事だったのかもしれない。

最高の仕事は、次の5つの条件をすべて満たすものだと思っています。

①成果を出している
②周囲に認められている
③満足な報酬が得られている
④やりたい職種に就いている
⑤気の合う仲間がいる

これらをすべて満たしている人はそうそういないでしょう。

僕もそこに向かって、あがいている最中です。

なかでも一番重要なのは①だと思っています。①さえ成《な》し遂《と》げられれば、②～⑤は自然についてくるでしょう。

その意味で、芸人はわかりやすい世界です。お客さんを笑わせて楽しませることさえできれば（成果を出せば）、その人の認知度は高まり、報酬も増え、やりたい企画を実現させられるし、志《こころざし》を同じくした仲間が集まってきます。
かたやスベり続けている芸人は、すべてがうまくいかない。では、その状況を打開するためにはどうすればいいでしょうか？　成果を出すのにほかにどんな手段があるでしょうか？

ネタや芸風を変えるのもありですが、僕は露出の仕方を変えるのがベストだと思っています。たとえば、テレビという多人数が出演する場ではなく、自分一人で収録と放映ができるYouTubeに軸足を移す。テレビにはテレビ向けの、YouTubeにはYouTube向けの適性というものがあるからです。

職場で思うように活躍できていないというのは、これと一緒です。

自分の能力を発揮したい、さらに高めたいと思うのなら、ためらわずに今の職場を離れましょう。

プロ野球で、チームの四番を打っていた選手が移籍したとたん不振になり二軍落ちしてしまうなんてことは珍しくありません。逆に、弱小チームで甲子園にすら行けなかった投手が名門大学でエースとして活躍し、ドラフト1位指名のスターに成長するなんて例もあります。

つまり、**その人の能力の問題だけではない**ということ。チームそれぞれの決まり事や、コーチとの相性や、それにトレーニング設備の充実度など、さまざまな要因が絡んだ結果です。


「どこにいても、がんばっていれば報われる」

というのは幻想。**あなたにとってふさわしい場所でおこなわれた、ふさわしい努力こそが報われます**。

なかなかブレイクスルーできない人、成果を出せない人は、居続けたい場所と自分がいるべき場所が、おそらく違うのだと思います。

逆に言えば、場所さえ変えれば、大化《おおば》けだって十分あり得るのです。

POINT

- 「違う」と思ったら、ためらわずにその場所を離れよう
- ふさわしい場所でおこなわれた、ふさわしい努力こそが報わる

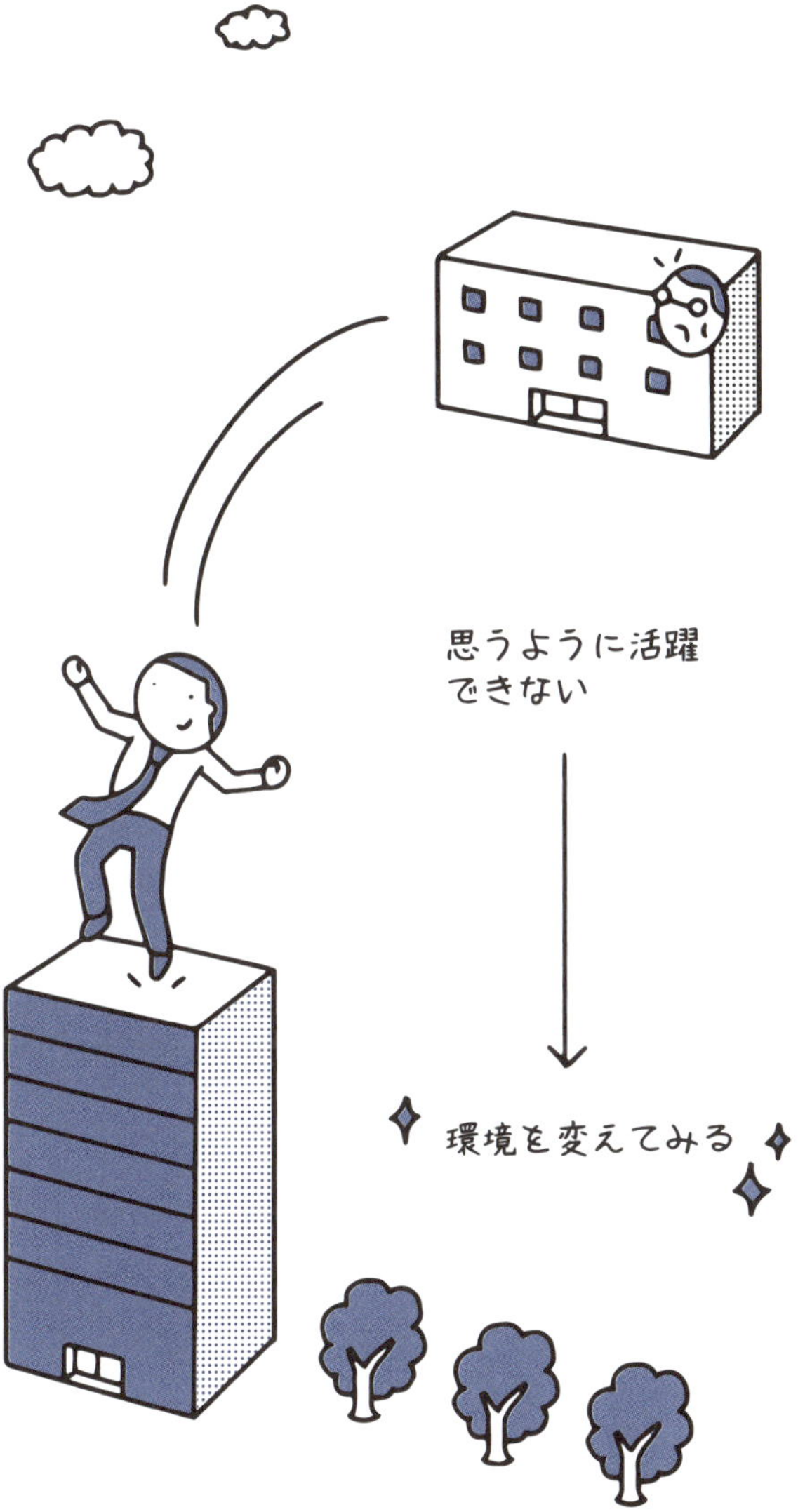

うまくいかないのはあなたのせいじゃない。環境を変えよう!

39

正しくあろうとしない

結婚している人はわかると思いますが、違う環境で育った2人が一緒に暮らすことは、不可能に近いんじゃないかと考えることがあります。

当然、僕と妻は異なる人格です。そんな僕らから生まれた2人の子どもも、独立した人格です。異なる4人が集まって共同生活しているのですから、衝突があることなんて、あたりまえでしょう。

では、**衝突を生まないためにどうするか？**

ルール作りをするのです。

家訓というものは、異なる者同士がなんとか共存するために生み出された知恵だと思います。それが国家レベルに拡大したのが、憲法や法律ですね。

そのルールは絶えずメンテナンスしなければなりません（念のため断っておきますが、僕は憲法改正うんぬんの話をしたいのではありません。そのことは無関係です）。

たとえば、あなたが僕の家族の一員だとします。

僕は芸人とその他の事業を並行させていますから、勤め人ではない。一般的な会社員と比べたら、規則正しい生活はできません。ですから中田家では、

「夕飯は家族揃《そろ》って食べる」

というルールは生まれません。

でも、あなたが別の公務員一家に養子に出されたら、どうなるでしょうか？

家族一緒の夕飯がもっとも重要なルールになるかもしれない。


ルールは、状況によって変わります。一定不変のものではない。

正しさもまた、不変のものではありません。そして、ひとつではありません。

あなたが正しいと思っていることが、他人にとっては悪になることだって十分にあり得る。ご近所トラブルも内戦も国際紛争も、お互いの「正しさ」の押し付け合いがエスカレートした結果です。


歴史を見てみると、正しさなんてコロコロと形を変えてきたことがよくわかります。

日本史は、土地に関する政策の苦悩の歴史でもあります。

飛鳥時代、天智《てんじ》天皇は「公地公民《こうちこうみん》」を宣言します。つまり中央集権による土地の一括管理です。その後、奈良時代の聖武《しょうむ》天皇のもと発布された「墾田永年私財法《こんでんえいねんしざいほう》」は公地公民とは反対に、私有を認めるものでした。そして応仁《おうにん》の乱《らん》の混乱を経て、徳川幕府の時代になると今度はまた藩政による地方分権が敷かれます。さらにさらに明治政府の「廃藩《はいはん》置県《ちけん》」で、またしても飛鳥時代の一括管理に逆戻り。キリがありません。

何が正しいかなんて、誰にもわからない。だから、みんなでルールを策定する。だけど、「みんな」が変われば、ルールも見直さざるを得ないわけです。

僕は、正論を振りかざす人が嫌いです。自分のなかの「正しさ」で充満していて、ほかの価値観を許容しないからです。**正しさにこだわる人ほど、好戦的な者が多い。**身勝手な正しさを訴えてきたヒトラーは、歴史に残る大悪人として今も人々の記憶に残っています。

正しさとは、過信するものでも押し付けるものでもないのです。

POINT

・ルールも、正しさも、状況によって変わる

・平気で正論を振りかざす相手は無視しよう

40

長生きしようとしない

あなたは、何歳まで生きたいですか？

100歳人生と言われる今、日本は空前の超高齢社会を迎えています。

「とことん長生きしたい」

という人もいるでしょう。

悩み多き思春期の青少年ならば、

「太宰治のように、40歳くらいでさっさと死にたい」

という人もいるかもしれませんね。

僕は、そんなに長生きしたいとは思わないんです。もちろん、すぐに死にたいというわけでもありませんが。

だいたい、「長生きする」ことが本当にすばらしいことなのか、疑問です。

いきなり、突飛《とっぴ》な話をしてしまったでしょうか。

少しばかり説明が必要だと思います。

厚生労働省によれば日本の男性の平均寿命は81歳、女性の平均寿命は87歳となっています（2018年簡易生命表の概況より）。また総務省の最新の人口推計によると、全人口における65歳以上の割合は28・7％と過去最高を記録しています（2018年10月1日現在）。

まさに、超高齢社会です。

ところが、いわゆる健康寿命は、とあるデータでは男性が72歳で、女性が75歳となっています。つまり、最晩年の10～13年間は、闘病をしていたり寝たきりの状態だったりするということです。長過ぎませんか。

僕は死ぬまで健康に人生をまっとうしたい。もしも、寿命が尽きる最後の10年間をベッドで過ごすならば、寿命の10年を返上してもかまいません。

死ぬまで健康でいたいというのは、万人共通の願いでしょう。

健康でいるためには身体のケアも大切ですが、メンタルのケアが何より大切だと考えています。現代は超高齢社会であると同時に、**超ストレス社会**でもあるからです。

だから、本書では**一貫してメンタルのあり方について説いています**。

余談ですが、僕は本当に100歳人生が浸透するのか疑わしく思っています。

粗食《そしょく》だった上の世代が長寿なのはわかります。でも僕たちの世代は食べ物が豊富だった代償として、農薬の多い野菜や添加物の入った食べ物を中心に育ちました。もしかしたら、意外に短命な世代かもしれません。

どうがんばっても、やがて僕たちは死にます。人間の死亡率は100％ですから。

僕が言いたいのは、生きるというのは、ただ生命が保《たも》たれている状態を指すわけではないということ。

自分の頭で考え、自分の足で動き、生きる喜びを実感しながら日々を送る。それが人間の目指すべき姿ではないかと思うのです。

ただ長生きするのでは、つまらない。

元気であれば、太く短い人生も悪くないと思いませんか。

POINT

- ただ命が保たれるだけの「長生き」に意味はない
- 今は超ストレス社会。何よりもまずメンタルをケアしよう

41

絶対にあきらめない

芸人として、今はテレビ出演の仕事をセーブしています。

オリエンタルラジオで冠番組を持ったり、ゴールデンの番組を任されたりしても、このまま**テレビを続けることがゴールではない**と思ったからです。また、テレビの視聴者が高齢化して、それに伴ってコンテンツも高齢者向けになっているので、地上波が僕たちに合わなくなったのも理由のひとつです。

2017年、僕は仕事の方向性を変える決断をしました。

2016年は楽曲『PERFECT HUMAN』のヒットもあり、忙しくしていました。相方の藤森のピンの仕事も順調で、僕たちもずいぶんチャンスをいただきました。

オリエンタルラジオのMCで民放の特番が2つ、僕単体でも講義系の特番の仕事をいただきました。

タレントとして、上のステージに上がろうと僕らは昂《たかぶ》っていました。

だけど結局、視聴率が目標に到達しなかった。

世代別に見ると、20～30代からは納得のいく視聴率が取れました。ただ、50代からはさっぱり。テレビの世界では、50代に評価されなければ1位になれません。

それで一転、テレビタレントとして半ばあきらめの境地に陥《おちい》ったのです。

そんなあるとき、島田紳助さんの言葉を思い出したんですね。

「同世代の同性がファンについていてたら大丈夫や」

僕らには、幸い同世代のファンがいる。だけど、困ったことに同世代がテレビを観ない。彼らがいる場所はどこか？

そこから、僕は動画配信の方向にシフトするようになります。

僕らを支持する層は、テレビとは別のところにいる。ならば、こちらから彼ら（ファン）のいるところに行こう。そう決めたのです。

僕は、今もテレビというジャンルでは負け組だと思っています。特に地上波に関しては、てっぺんをとるのはどうやっても不可能でしょう。

だけど、僕にはYouTubeという刺激的な戦場がある。「幸福洗脳」でアパレル界に挑んだように、新しい実験、挑戦のアイデアも尽きません。

僕はなかなか、あきらめの悪い男です。

あなたはどうですか？　何かあきらめたことはありますか？

サッカー選手になること、アーティストになること、第一志望の大学に入ること、好きな異性と付き合うこと……。

あきらめの悪い僕ですが、テレビの世界ではあきらめざるを得なかった。

で、そのとき僕は自分にこう言い聞かせたんです。

「ちょっとだけあきらめるけど、この人生は絶対にあきらめない！」

何かをあきらめるというのは、新しいステージに進むためのステップなんだ、そしてその新しいステージでまた歩き出せるなら、それは何もあきらめてはいない。僕はそう思っています。

くじけそうになっても自分自身をあきらめないでください。心が疲れたら、たくさん眠ればいい。目覚めれば、気持ちのいい朝が待っているはずです。

POINT

- **挫折しても、新しいステージはすぐそこにある！**
- **あきらめてもいい。でも自分自身を絶対にあきらめるな**

おわりに

「人に好かれる方法を教えてください」

と、ある人に相談されました。

タレントとしてはそんなに好感度が高くない僕に、「この人、どんなつもりで質問してるのかな」と思いましたが、その機会にじっくり考えてみたんですね。

するど、答えはひとつしかありませんでした。それは、

「人を好きになる」

ということ。あまりに平凡な答えですが、真理だと思います。

好きな気持ちは、必ず相手に伝わるものです。そして、相手からの「好き」が返ってくる。それはすごく幸せなキャッチボールです。

僕も、できれば人に好かれたい。

だから、僕が率先《そっせん》して、人を好きになろうと思っています。

その相手が同じくらいの熱量で好きになってくれるとは限りません。だけど、少しでも「好き」が返ってくれれば、人間関係はもっと豊かなものになると思うのです。


人を好きになれば、人に好かれる――。

本書で僕が言いたいことも、とてもシンプルです。

「生きることにへこたれず、自分と仲間を大切に生きてほしい」

つまりは、このひと言です。


複雑極まりない現代を生き抜くには、強くあるべきです。そのための僕なりの方法論を惜しみなく公開したのが本書です。

大切なのは生き抜くこと。強さは、その手段に過ぎません。

だから、自分の弱さを大切にしてほしいと思います。

弱さから目を背けない。弱さこそが、強さです。

最後に、僕がいつも心に刻んでいる言葉をご紹介します。

「人生には、猪木とNIKEがあれば大丈夫」

アントニオ猪木さんの名言「元気があればなんでもできる」と、NIKEのキャッチコピー「Just Do It」、この2つの精神があれば怖いものなんてない、そういう意味を込めています。

あなたへのエールとして送らせてください。

仕事をするからには成果をあげたい。お金もたくさんあるに越したことはない。だけど、楽しくなければ何の意味もありません。

失敗してもいいし、めげてもいい。

それでも楽しく前を向くあなたと、いつかどこかでお会いしたいです。

2019年8月　中田敦彦

ブックデザイン　小口翔平＋岩永香穂＋三沢稜（tobufune）
イラスト　大野文彰
写真　佐々木和隆
組版　キャップス
校正　鷗来堂
協力　中田敦彦オンラインサロン「PROGRESS」
構成　田中大介
編集　崔鎬吉

中田敦彦　なかた・あつひこ

1982年生まれ。芸人。実業家。
2003年、慶應義塾大学在学中に藤森慎吾とオリエンタルラジオを結成。04年にリズムネタ「武勇伝」で「M-1グランプリ」準決勝に進出して話題をさらい、ブレイク。またお笑い界屈指の知性派としてバラエティ番組のみならず、情報番組のコメンテーターとしても活躍。14年には音楽ユニット「RADIO FISH」を結成し、16年には楽曲「PERFECT HUMAN」が爆発的ヒット、NHK紅白歌合戦にも出場した。
マルチな活動はとどまるところをしらず、18年には「やりたいことで、食べていく」をスローガンにかかげた自身のオンラインサロンを開設。また同年、アパレルブランド「幸福洗脳」を立ち上げるなど経営者としての手腕も発揮。さらに19年からはYouTube動画「中田敦彦のYouTube大学」の配信をスタートし、わずか4カ月半でチャンネル登録者数が100万人を突破。いまもっとも注目されるユーチューバーでもある。

中田敦彦オンラインサロン「PROGRESS」

中田敦彦PROGRESS

中田式《なかたしき》
ウルトラ・メンタル教本《きょうほん》
好《す》きに生《い》きるための「やらないこと」リスト41

2019年9月30日初刷

著者　中田敦彦《なかたあつひこ》
発行者　平野健一
発行所　株式会社徳間書店
〒141-8202
東京都品川区上大崎3-1-1
目黒セントラルスクエア

電話　編集／03-5403-4344
販売／049-293-5521
振替／00140-0-44392
本文印刷・カバー印刷・製本　大日本印刷株式会社

ISBN978-4-19-864935-7